大学 中庸

〔春秋〕曾子 〔春秋〕子思◎著
姜宇彤◎注译

孔學堂書局

本书获贵州省孔学堂发展基金会资助

图书在版编目（CIP）数据

大学　中庸 / (春秋) 曾子, (春秋) 子思著 ; 姜宇彤注译. -- 贵阳 : 孔学堂书局, 2019.11

ISBN 978-7-80770-162-0

Ⅰ. ①大… Ⅱ. ①曾… ②子… ③姜… Ⅲ. ①儒家②《大学》—注释③《大学》—译文④《中庸》—注释⑤《中庸》—译文 Ⅳ. ①B222.1-49

中国版本图书馆CIP数据核字（2019）第239402号

孔学堂国学馆

大学　中庸　〔春秋〕曾子　〔春秋〕子思　著　姜宇彤　注译

DAXUE ZHONGYONG

出 品 人：邓国超　李　筑
责任编辑：张发贤　丁　羽
责任校对：钱佳欣

出　　品：贵州日报当代融媒体集团
出版发行：孔学堂书局
地　　址：贵阳市云岩区宝山北路372号
　　　　　贵阳市花溪区孔学堂中华文化国际研修园1号楼
印　　制：北京楠萍印刷有限公司
开　　本：710mm×1000mm　1/16
字　　数：150千字
印　　张：10
版　　次：2019年11月第1版
印　　次：2019年11月第1次
书　　号：ISBN 978-7-80770-162-0
定　　价：18.00元

目录

上卷　大学

下卷　中庸

上卷 大学

前　言

《大学》是一部非常重要的国学经典，原是《礼记》的第四十二篇，起初并没有引起后人的注意。随着宋代理学的兴起，程颐、程颢兄弟对《大学》极为推崇。实际上,《大学》原文并没有章节之分，南宋理学家朱熹将它从《礼记》中抽出，并对其按照一定的顺序重新编排，分为经一章与传十章。其中经一章是全文的总领，具有核心的作用。传十章是对前者的具体阐述。后来,朱熹又将其纳入《四书》之中。从此,《大学》就以儒家经典的身份出现在学校和科举考试中。

中国古代的教育，有“小学”和“大学”之分。“小学”主要学习古文的断句和解释，以及洒扫、应对、进退的礼仪；而“大学”即太学，相当于现在的高等教育，是学习做人的道理、提升道德修养的理论和方法，用于齐家、治国、平天下。

《大学》是一部关于古代教育理论的重要著作，是代表中国传统文化的典籍，尤其“三纲领”和“八条目”对后世的影响很大。“三纲领”即“明明德”“亲民”“止于至善”。这三大纲领是有层次划分的，其中“止于至善”是最高的境界，强调行为实践应以道德本性为基础。“明明德”与“亲民”则是第二位的，“明明德”侧重于个人层面的实践,“亲民”侧重于社会层面的实践。“八条目”即格物、致知、诚意、正心、修身、齐家、治国、平天下。这八个方面的内容，体现了道德实践由内到外的总体方向。

在“八条目”中，格物和致知两项内容历来存在争议。程朱学派认为格物和致知就是要加强对儒家经典的学习，深层次地探索道德实践的意义；而陆王学派则认为道德实践应该把握良知，守住心灵的底线。实际上，他们的认识并不矛盾，只不过是角度的不同，二者完全互相补充完善。诚意、正心、修身相对来说，就显得容易理解了。诚意是指内心真诚，不自欺欺人。正心是指能控制好自己的情绪，不被外界的干扰打乱天赋的本性。修身就是具体的行为实践，以中庸之道严格要求自己。齐家、治国、平天下是个人道德修养向社会实践的延伸，虽然是三个不同的内容，但实行的道理是相同的，它们唯一的差别就是行为对象数量的不同。

《大学》的宗旨在于彰显高尚的德行，从而以求达到最高境界的善。它以修己为核心，深刻论述了培养良好道德品质与治国平天下之间的重要关系。自西汉哲学家董仲舒提出“罢黜百家、独尊儒术”以来，儒家思想就成了历代王朝确立伦理道德的最高标准。在长达二千多年的封建统治中，“仁、义、礼、智、信、齐家、治国、平天下”的思想就是读书人坚信不疑的真理。他们注重自身修养，关心百姓疾苦，致力于改善民生。可以说，这种思想对古代社会的发展起到了不可估量作用。

《大学》相传为曾子所作。曾子名参，字子舆，孔子的早期弟子之一，也是儒家学派重要代表人物。他十六岁拜孔子为师，颇得老师的真传，被后人称作“宗圣”。孔子的孙子孔伋（子思）师从曾参，后又将所学传给了孟子。曾参上承孔子之道，下启思孟学派，可以说是儒家承上启下的关键人物。作为本书的作者，他的文章自然全面体现儒家思想的真谛。透过简约的文辞，《大学》的厚重与深邃扑面而来，“修、齐、治、平”的思想贯穿全篇。它所阐述的关于道德修养的方法和原则，对做人、处世、治国等都有深刻的启迪性。众所周知，法律是刚性的，强制下的行为是不确定的。而道德是柔性的，它强调内心的升华，个体的行为是稳固的。一个国家的长治久安，绝不是具备多么完善的法律，而是民众道德素质的全面提高。从这一点上讲，儒教思想中的精华，在当今依旧是熠熠生辉的瑰宝。

在这个物质繁盛的时代里，人们的心中充斥着太多的迷惘与烦恼。心灵渴求慰藉，精神需要愉悦。此时，儒家思想或许就是一剂最好的疗伤良药。就让我们徜徉在《大学》中，循着先贤的足迹，掸去浮尘，找到那方心灵的净土。

第一章

【题解】

作为《大学》的首篇，本章在开头就直接交代了主要内容，也就是儒家所追求的“三纲领”和“八条目”。它是儒家学说的核心，能抓住这一点，就可以找到学习儒学的正确途径。如果能循序渐进，坚持不懈，就一定能够领会儒家经典的深刻内涵，成为谦谦君子。

所谓“三纲领”，是指“明明德”“亲民”“止于至善”。首先是彰显上天赋予的品德，提升自己的修养，然后再用自己的道德表现来教化百姓，从而达到最完善的境界。自儒学创立以来，这种境界就是弟子们不懈追求的目标。

明明德，肯定了每个人都拥有达到最高道德目标的条件，这是上天赋予的，是公平的。在儒家的修行中，格外注重对个人内心的自省，这是成为君子或圣人的重要基础。

亲民，可以理解为新民，即崭新的人民。圣人彰显自己的美德，帮助他人除去污染心灵的东西，让他们弃恶从善，从而达到一个心灵纯洁的境界。君民和谐相处，天下自然太平。

止于至善，是终极目标。止，不光有达到的意思，还要理解为保持、坚守。不要满足于道德修养或治国方面的成绩，而是要不断进取，永不停歇。这种状态是没有止境的，是终生的行为。

“八条目”是指格物、致知、诚意、正心、修身、齐家、治国、平天下。如果说“三纲领”是儒学立世的根本目的，那么“八条目”

就是实现目的的必备条件，是每一个儒家弟子必经的成长途径。在本篇，关于“八条目”的论述尤为精彩。首先由国家层面开始，最后到个人层面：明德于天下、治国、齐家、修身、正心、诚意、致知、格物。另一方面是由个人层面开始，最后上升到国家层面：物格、知致、意诚、心正、身修、家齐、国治、天下平。这两种论述，绝不是调换了用字顺序那样简单，而是极为准确地提出了个人道德修养的步骤，以及彼此间不可改变的逻辑关系。

在“三纲领”“八条目”中，“修身”作为一条纽带，作用非常明显。当它与前面的“格物、致知、诚意、正心”连在一起时，就可以“明明德”。当它与后面的“齐家、治国、平天下”连接，就能够实现“亲民、止于至善”的目标。

透过“三纲领”“八条目”，我们可以充分地感受到儒家对人生意义的明确要求。人的一生，必须要有道德承担意识，要努力实现人生的自我价值、社会价值。提升个人的道德修养，不仅是为了独善其身，还是为国家和人民做出贡献。这一要求，无论是在古代，还是当今，都有着积极的社会意义。

【原文】

大学[①]之道[②]，在明明德[③]，在亲民[④]，在止于至善[⑤]。知止[⑥]而后有定[⑦]，定而后能静[⑧]，静而后能安[⑨]，安而后能虑[⑩]，虑而后能得[⑪]。物有本末[⑫]，事有终始[⑬]。知所先后，则近道矣。

古之欲明明德于天下者，先治其国[14]；欲治其国者，先齐其家[15]；欲齐其家者，先修其身[16]；欲修其身者，先正其心[17]；欲正其心者，先诚其意；欲诚其意者，先致其知[18]；致知在格物[19]，物格而后知至[20]，知至而后意诚，意诚而后心正，心正而后身修[21]，身修而后家齐[22]，家齐而后国治[23]，国治而后天下平。

自天子[24]以至于庶人[25]，壹是[26]皆以修身为本[27]。其本乱[28]而末治[29]者，否矣[30]。其所厚[31]者薄[32]，而其所薄者厚，未之有[33]也。

【注释】

①大学：谓博学。

②道：宗旨，目的。

③明明德：前一个“明”用作动词，是彰显、弘扬的意思；后一个“明”则用作形容词，明德即光明美好的品德。

④亲民：使人民弃恶从善，摒弃陋习，拥有崭新的自我。亲，即新。

⑤至善：最高、最完美的道德境界。

⑥知止：知道目标所在。

⑦定：坚定，不动摇。

⑧ 静：镇静，不慌乱。

⑨ 安：心神安稳。

⑩ 虑：思虑全面细致。

⑪ 得：获得道德的最高境界。

⑫ 本末：比喻事物间的主次关系。本，根本；末，枝末、枝节。

⑬ 终始：结尾和开头。

⑭ 国：国家、诸侯国。

⑮ 家：家庭、家族。

⑯ 身：自身的品格。

⑰ 心：内心，心性。

⑱ 致其知：使自己获取知识。致，获取。知，知识。

⑲ 格物：研究事物的原理、规律。

⑳ 知至：掌握了知识。

㉑ 身修：自己得到修养。

㉒ 家齐：管理好家庭或家族。

㉓ 国治：治理好自己的国家。

㉔ 天子：皇帝，一国之君。

㉕ 庶人：平民百姓。

㉖ 壹是：全部是。

㉗ 本：根本。

㉘ 乱：混乱，被打乱。

㉙ 末治：治理好国家、家族。

㉚否矣：不可能。

㉛厚：尊敬，重视。

㉜薄：轻视，慢待。

㉝未之有：从来没有过。

【译文】

大学的宗旨，在于让人弘扬光明美好的品德，革旧从新，达到道德的完美境界。一个人如果能够领悟道德的完美境界，就会有坚定的志向。有了坚定的志向，人的心境才会平稳。当心境平稳后，性情就能安稳。性情安稳镇定，考虑问题自然全面细致。当思虑全面细致，就能达到“止于至善”的境界。世间万物都有根本和枝节，凡事也讲究个有始有终。当一个人明确了事物主次和先后顺序，就会接近事物发展的规律了。

在古代，每一个想要向天下彰显光明美好品德的人，首先就要治理好自己的国家；而要想治理好国家，就要先管好自己的家庭；要想管好家庭，就要提升自己的道德修养；要想提升道德修养，先要端正自己的思想；要想端正自己的思想，就要先让自己的意念真诚；要想意念真诚，先要让自己获取知识，而获得知识的途径就在于对万事万物的研究。

掌握了事物的规律后就能获得知识；获得知识后才能使意念真诚；意念真诚后，思想才会端正；思想端正了，自身的道德修养才能提高；有了崇高的品德，才能管理好自己的家庭；家庭管理好了，才能治理好国家；治理好国家后，天下才能太平。上自一国之君，下至普通百姓，每个人都要将提升道德修养作为人生的根本。如果这个根本被打乱了，还想要治理好家庭和国家那是绝不可能的。就像自己尊敬的人却慢待他，慢待的人却敬重他，这样的事还从来没有出现过。

第二章

【题解】

这一章是传的第一章，作者分别引用《尚书》中的《周书》《商书》《虞书》的内容，对“三纲领”之首的“明明德”展开叙述。三处用典，可以看出作者的用心良苦。“明明德”绝不是空洞的说教，这种真实的理论出处更能引起世人的重视。

在作者看来，人的本性是善良的，天生具有美好的品德。但这些美好的东西由于后天环境的影响，或是受教育程度的不同，会发生变化。甚至有许多人被心中的欲望所支配，从而迷失自己的本性。儒家正是看到了这一点，因此通过各种书籍反复提醒，每个人都应该重视内心的发现和升华，抵制不良因素的影响，自觉彰显天生的本性，切不可放纵自己的行为。

在文章结尾，作者以“皆自明也”进行总结，再次强调实现“明明德”的关键。只有加强自身修养，努力求学，才能充分发挥自己的善良本性。

【原文】

《康诰》①曰：“克②明德。”《大甲》③曰：“顾諟④天之明命⑤。”《帝典》⑥曰：“克明峻⑦德。”皆⑧自明⑨也。

【注释】

①《康诰》:《尚书·周书》中的一篇。《尚书》也称作《书经》，儒家五经之一，是我国最早的一部历史文献汇编，包括《虞书》《夏书》《商书》《周书》。

②克：能够。

③《大甲》：即《太甲》,《尚书·商书》中的一篇。

④顾諟：顾，顾念，思念。諟，是。

⑤明命：光明的品德。

⑥《帝典》：即《尧典》,《尚书·虞书》中的一篇。

⑦峻：大，高尚。

⑧皆：都。

⑨自明：自己彰显光明的美德。

【译文】

《尚书·康诰》说:“要能够彰显自己天生的美德。”《尚书·太甲》说:“应该想念上天赐予的美好品德。”《尚书·尧典》说:“能够弘扬高尚的品德。”这些话都在强调弘扬自己天生的美好品德。

第三章

【题解】

这一章是传的第二章，作者引用《盘铭》《尚书》《诗经》上的内容，紧紧围绕一个“新”字展开论述，其目的在于解释“三纲领”之一的“亲民”。

亲民，最早解释为接近，亲近民众。到了宋代，将亲民理解为新民，即以慈爱之心拉近与民众的距离，并对民众起到教化的作用，使其能够革旧图新，拥有正确的生活方式。

成汤《盘铭》中的文字，表面上是在说洗澡。如果今天身体洁净了，那么就要坚持下去，每天都要保持这种状态。实际上，这是商王对自己的警戒，要在品德上锤炼自己，不断去除心灵上的污浊，在言谈举止上严格要求。“苟日新，日日新，又日新”体现了成汤除旧革新的态度与决心。

要想达到让人民除旧迎新，不是一件容易的事，自己做好是必备的基础。除此之外，还要积极主动地去影响周围的人，用善心善行感染别人，教化别人，从而让他们摒弃内心的污垢，不断彰显与生俱来的善性。君子应该尽全力自新新民，最终达到“止于至善”的目的。

【原文】

汤①之《盘铭》②曰：“苟日新③，日日新，又日新。”《康诰》曰：“作④新民⑤。”《诗》⑥曰：“周⑦虽旧邦⑧，其命⑨惟新。”是故⑩君子⑪无所不用其极⑫。

【注释】

① 汤：商朝的开国君主成汤，灭夏建商，施仁政德化天下。

②《盘铭》：刻在洗浴用具上警示、告诫自己的文字。

③ 苟日新：苟，如果。新，本义是说洗去身上的污垢，使身体焕然一新，此处引申为品德、行为上的升华改变。

④ 作：鼓励，激励。

⑤ 新民：使人弃旧迎新。

⑥《诗》：这里指《诗经·大雅·文王》。

⑦ 周：原是商朝诸侯国，后来在武王姬发领导下，推翻商纣王的暴政，建立了周朝。

⑧ 旧邦：旧国。

⑨ 其命：担负上天赋予的使命。

⑩ 是故：因此，所以。

⑪ 君子：品行高尚的人。

⑫ 无所不用其极：无处不尽心竭力。

【译文】

成汤为警示自己，在洗澡的盆上刻着："如果能够做到一天新，那就保持天天新，并且新了还要更新。"《康诰》上说："要鼓励人们振作起来，焕发崭新的精神面貌。"《诗经·大雅·文王》上说："周国虽然是一个旧国，却担负着上天弃旧图新的使命。"因此，每一位品德高尚的人时刻都在努力做到最好。

第四章

【题解】

这一章承接前文，主要论述了“止于至善”的道理。“止于至善”从字面上理解，是指人的品德修养达到至善的程度，就可以停止自己的道德修为。“至善”是指人的品德修养达到了最完美的境界。

在“三纲领”中，“止于至善”是“明德”与“亲民”的终极目标，是儒家道德修养的最高境界。只有“明德”得到充分的彰显，“亲民”取得了明显的效果，才能够达到“至善”的境界。

文章首先从“知其所止”谈起。小鸟能找到适合的树林栖息，人又怎能不知道自己应该在哪里呢？因此，才会出现“邦畿千里，维民所止”的现象。随后，作者又谈到了精神层面的“知其所止”，这是“止于至善”的真正内涵所在。文中以周文王为例来体现至善的道德。“穆穆文王，於缉熙敬止”，要想达到这样的境界，绝不是轻而易举的事。文中列举了五种人的行为方式：身为国君应当“止于仁”；身为臣子应当“止于敬”；身为人子应当“止于孝”；身为人父应当“止于慈”；在与他人的交往中，应当“止于信”。这五种行为方式代表了儒家安身立命的基本要求，也是齐家、治国的道德基础。

接下来，作者又引用了《诗经·卫风·淇澳》中的内容，介绍了一位彬彬有礼的君子。他在治学、修身方面“如切如磋，如琢如磨”，以其高雅独特的气质、广博豁达的胸怀赢得了民众的喜爱与敬仰。通过这个例子，意在说明要想达到至善的境界，就应该勤奋自觉，不断反思琢磨，包括学习经典和具体的实践行为。

在本文结尾，作者又引用了《诗经·商颂·烈文》中的“於戏！前王不忘”，再次赞颂周文王的品德，指出了前王达到了什么境界，所居处的地方在哪里。

“盛德至善，民之不能忘也”的道德境界，或许我们一生都达不到。但做好当前，找准自己的位置，也是对“止于至善”的另一种诠释。文中列举君臣子父的仁、敬、孝、慈、信，就是最好的实践，具有深刻的现实意义。

在道德修养上，我们应该立志高远。既然确定了目标，就要一往无前地走下去。在追寻理想的道路上，实现自己的人生价值。

【原文】

《诗》①云:“邦畿②千里，惟民所止③。”《诗》④云:“缗蛮⑤黄鸟，止于丘隅⑥。”子曰:“于止，知其所止，可以⑦人而不如鸟乎?”《诗》⑧云:“穆穆⑨文王，於，缉熙⑩敬止!”为人君止于仁⑪，为人臣止于敬，为人子止于孝，为人父止于慈，与国人交止于信⑫。

《诗》⑬云:“瞻⑭彼淇澳⑮，菉竹猗猗⑯。有斐⑰君子，如切如磋⑱，如琢如磨⑲。瑟⑳兮僩㉑兮，赫㉒兮喧㉓兮。有斐君子，终不可諠㉔兮。”“如切如磋”者，道学㉕也。“如琢如磨”者，自修也;“瑟兮僩兮”者，恂慄㉖也，“赫兮喧兮”者，威仪㉗也。

"有斐君子，终不可谊兮"者，道盛德[28]至善，民之不能忘也。

《诗》[29]云："於戏[30]，前王[31]不忘！"君子[32]贤其贤[33]而亲其亲[34]，小人[35]乐其乐[36]而利其利[37]，此以[38]没世不忘也。

【注释】

①《诗》：这里指《诗经·商颂·玄鸟》。

② 邦畿：国都及其周围的地方。

③ 止：居住，栖息的地方。

④《诗》：这里指《诗经·小雅·绵蛮》。

⑤ 缗蛮：缗，通"绵"。蛮，小鸟貌。

⑥ 丘隅：山丘的一角。

⑦ 可以：为什么。

⑧《诗》：这里指《诗经·大雅·文王》。

⑨ 穆：形容仪表庄重美好。

⑩ 於（wū）缉熙：於，叹词。缉熙，光明的样子。

⑪ 仁：宽厚，仁爱。

⑫ 信：诚信，讲信用。

⑬《诗》：这里指《诗经·卫风·淇澳》。

⑭ 瞻：观看。

⑮ 淇澳（yù）：淇，淇水，在现在河南省的北部。澳，河岸的拐弯处。

⑯ 猗猗：形容树木茂盛的样子。

⑰ 斐：文质彬彬的样子。

⑱ 如切如磋：用刀和锉对骨器进行切割、磨光。

⑲ 如琢如磨：用刀子雕刻玉器，并用沙子将其打磨。

⑳ 瑟：严肃而庄重。

㉑ 僩（xiàn）：心胸宽广。

㉒ 赫：显耀。

㉓ 喧：通“愃”，愃，宽心。

㉔ 谊（xuān）：同“谖”，忘记，遗忘。

㉕ 道学：治学之道。

㉖ 恂慄：恐惧，担心。

㉗ 威仪：庄重的仪表。

㉘ 盛德：达到完美境界的品德。

㉙《诗》：这里指《诗经·商颂·烈文》。

㉚ 於戏（wū hū）：同“呜呼”，叹词，无实际意义。

㉛ 前王：前一代的贤王。文中特指周文王和周武王。

㉜ 君子：后世贤良的君主。

㉝ 贤其贤：尊重贤良的人。

㉞ 亲其亲：亲近自己的亲人。

㉟ 小人：平民百姓。

㊱ 乐其乐：享受着前王留下的幸福安乐。

㊲ 利其利：得到前王留下的利益，好处。

㊳ 此以：因此，所以。

【译文】

《诗经·商颂·玄鸟》说："国都及其周围千余里，都是百姓向往居住的地方。"《诗经·小雅·绵蛮》说："小小的黄鸟儿，栖息在山丘的一角。"孔子说："啊，连黄鸟都知道应该栖息在哪里，难道人还不如鸟吗？"《诗经·大雅·文王》说："庄重高贵的周文王，为人光明磊落，做事始终庄重谨慎。"作为一国之君，就应该仁爱；作为臣子，就要恭敬；作为子女，就要孝顺；作为父亲，就要慈爱；与别人交往，就要讲究诚信。

《诗经·卫风·淇澳》说："看那淇水转弯的地方，生长着茂盛挺拔的青竹。有一位文质彬彬的君子，他在钻研学问上，如切磋骨器般细致；在品德修养上，像雕琢美玉一般认真。他态度庄严，心胸宽广，相貌堂堂又很显赫。这样一位谦谦君子，真是令人难以忘记啊！"

"如切磋骨器般细致"，是指严谨治学的态度；"像雕琢美玉一般认真"，是指自我修炼的精神；"态度庄严心胸宽广"，是指他性格谦虚而有所畏惧；"相貌堂堂又很显赫"，是指他高雅威严；"这样一位谦谦君子，真是令人难以忘记啊"，是指他的品行达到了完美的境界，令百姓深受触动。

《诗经·商颂·烈文》说："啊！前代的君王让人难以忘记。"这是因为后代贤良的君主在效仿他们，尊敬贤良之人，亲近自己的亲人。后代的百姓也都蒙受着先王的恩泽，获得了利益。这就是前代贤王不被后人忘记的原因。

第五章

【题解】

在这一章，作者引用孔子对待诉讼的观点，来论述凡事都要抓住根本的观点，也就是前文提到的“物有本末，事有始终”。

在孔子看来，无论审案的手段多么高明，都不值得欣慰，不让诉讼纠纷发生才是关键所在。要想达到这一点，当权者就要提高自己的道德修养，用高尚的行为来感化人民。只有民风淳朴淡泊，百姓之间的争端才会减少。另外，在审案的过程中，其主要目的不应在于如何解决案件本身，而是以此为借鉴，杜绝类似的案件再发生。

如何对待民众的诉讼，体现出一个国家的教化与管理的水平。由上文可以确定，听讼为末，无讼为本。从这一点上讲，《大学》主张的修身就是本，而齐家、治国、平天下都是以此为基础的末节。

无论是圣人百姓，还是治国求学，只有明白了本末的关系，才能明确努力的方向与途径。如果本末倒置，只能是一事无成。

【原文】

子曰①：“听讼②，吾犹人③也，必也使无讼乎。”无情者④不得尽其辞⑤，大畏民志⑥，此谓知本⑦。

【注释】

①子曰：子，孔子。这段话出自《论语·颜渊》。

②听讼：审理案件。

③ 犹人：和别人一样。

④ 无情者：刻意隐瞒事实真相的人。

⑤ 不得尽其辞：不能够用花言巧语来狡辩。

⑥ 民志：民心。

⑦ 知本：知道事情的根本。

【译文】

孔子说："在审理案件上，我的想法和别人差不多，就是一定要让诉讼纠纷不再发生。"要让那些隐瞒真相的人不敢肆意地胡言乱语。让百姓的内心充满敬畏，这就叫知道了事情的根本。

第六章

【题解】

《大学》在第一章就明确指出“致知在格物”，通过对事物的认识和研究而获取知识。这是一种注重实践，将学习落到实处的治学方法。在这一章中，“格物”就是作者论述的主旨。

格物是获取知识方法的重要途径。首先，学习者要和外界的事物进行接触，根据自己已经掌握的知识，探究新事物的奥秘。经过长久的积累，就会获得全面、清晰的认识，人的认识能力也会得到充分的发挥。可以说，懂得格物是获取知识的途径这一道理，就是抓住了事物的根本，可以让人的认识达到顶点。

在儒家看来，无论是治国、平天下，还是修身、齐家，都需要格物来完成。在当今时代，面对未知的各个学科，这仍是我们应该提倡的学习方法。不读死书，不死读书，要尽可能地与外在的事物接触，提高自己的感悟和判断能力，在实际的生活中增长见闻。在浩瀚的宇宙中，需要我们探寻的领域还有很多，尽管我们还不能达到“知之至”的境界，但都应该拥有奔向这个目标的决心和动力。

人在实践中获取知识的过程，具有长期性，艰巨性。要从小事做起，从一点一滴做起，天下万物各有其理，彼此不相同，却又有着共同的本质和规律。当一个人对外在的事物认识不断增多，就会发现它们之间的内在关联。在学习和工作中，我们要紧密结合实际，只有持之以恒，才会获得成功，才能体会到举一反三、豁然开朗的快乐。

【原文】

所谓致知在格物者，言欲[1]致吾之知，在即[2]物而穷[3]其理也。盖人心之灵莫不有知[4]，而天下之物莫不有理[5]，惟于理有未穷[6]，故其知有不尽[7]也。是以《大学》始教[8]，必使学者即凡天下之物，莫不因其已知之理而益[9]穷之，以求至乎其极[10]。至于用力之久，而一旦豁然贯通[11]焉，则众物之表里精粗[12]无不到，而吾心之全体大用[13]无不明矣。此谓物格[14]。此谓知之至[15]也。

【注释】

① 欲：想要。

② 即：接触，靠近。

③ 穷：透彻地了解，掌握。

④ 有知：认识事物的能力。

⑤ 有理：有自己的规律、原则。

⑥ 未穷：未穷尽，未彻底。

⑦ 不尽：不完善，不完整。

⑧ 始教：开始，首篇。

⑨ 益：更加。

⑩ 极：极致，巅峰。

⑪ 豁然贯通：一下子透彻地明白。

⑫ 表里精粗：指事物的各个方面。

⑬ 大用：发挥到最大的程度。

⑭ 物格：对事物的认识和研究。

⑮ 知之至：知识达到了顶点。

【译文】

人们都说获得知识的途径是对万事万物的认识，这句话是告诉我们，想要获得更多的知识，就一定要多接触事物，彻底地探究它的原理。每个人的心都是灵动的，都有认知能力，而世间的万物也按照各自的规律在运行着，只不过这些规律还不能被我们彻底认识，所以使人的知识非常有限。正因为这样，《大学》在开篇就教我们要主动接触世间的万事万物，用自己已掌握的知识进行深层地探索，以彻底掌握它们的规律。只要我们坚持不懈，总有一天会豁然开朗，那时候，我们会透彻地了解万事万物的各个方面，内心的认识也能得到最大程度的发挥。这就是对万物真正的认识和研究，知识上也达到了顶点。

第七章

【题解】

真诚，是一种美德。无论是过去还是现在，都被世人所推崇。“所谓诚其意者，毋自欺也”，就是说不要自己欺骗自己，应该像闻到臭味皱眉，见到美丽的女子心生爱慕一样，表现得真实自然。在儒家看来，“诚意”是修身求学的重要前提，绝对不能在别人看见的情况下勤奋，别人看不见时就偷懒、懈怠。学习如逆水行舟，不进则退。君子求学，绝不是随性而为，在意别人的眼光，而是从圣人的言行中受到启迪和感化，决心彰显自己的明德，真心诚意地达到圣者的境界。

同时，君子还要时刻约束自己的言行，尤其是在独处的时候。“慎其独”是儒家对君子最重要的考验。作为一种修身的方法，它所强调的是在不为人知的情况下，自己仍能坚守内心的道德准则。这种精神上的自律，会把道德规范演变成个人自觉的行为。如果能够持之以恒，将是一种厚重庄严的人格力量。反之，如果一个人“闲居为不善，无所不至”，将会被人唾弃，最终招致灾祸。

“富润屋，德润身，心广体胖”，诚心修身的意义是重大的。君子应该光明磊落，表里如一。不要像小人一样，自欺欺人，虚伪奸猾。真诚虽存在于内心，但一定会通过外在表现出来。因此，真诚实在的人生态度，才是君子安身立命的根本。

【原文】

所谓诚其意者①：毋②自欺也。如恶恶臭③，如好好色④，此之谓自谦⑤。故君子必慎其独⑥也。小人闲居⑦为不善，无所不至，见君子而后厌然⑧掩其不善而著⑨其善。人之视己，如见其肺肝然，则何益⑩矣！此谓诚于中⑪，形于外⑫，故君子必慎其独也。曾子曰："十目所视，十手所指，其严乎！"富润屋⑬，德润身⑭，心广体胖⑮，故君子必诚其意。

【注释】

①诚其意者：使意念真诚、纯正。

②毋：不要。

③恶（wù）恶（è）臭（xiù）：厌恶难闻的气味。

④好（hào）好（hǎo）色：喜爱漂亮的女子。好色，美丽的容貌。

⑤自谦（qiè）：自己感到快乐、满足。

⑥慎其独：独自一人时也要谨慎，一丝不苟。

⑦闲居：即独处。

⑧厌（yǎn）然：躲闪的样子。

⑨著：显示，表露。

⑩何益：有什么用处。

⑪中：人的内心。

⑫ 外：人的外表。

⑬ 润屋：修饰居所。

⑭ 润身：修养自身。

⑮ 心广体胖（pán）：胸怀宽广，身体康健。胖，舒服。

【译文】

所谓让自己的意念真诚：就是别自己欺骗自己。就像厌恶污秽的气味，喜爱漂亮女子一样真实自然，这样才会心安理得。因此君子哪怕在独处时，也要保持谨慎的态度。品行低下的人在私底下好做坏事，甚至为所欲为，及至他们见到君子便是躲躲藏藏，极力掩盖自己的恶行，刻意宣扬自己是多么善良。实际上，别人看你自己，就像能看到你的心肝肺一样。既然如此清晰，躲躲藏藏又有什么意义呢？这就叫作一个人的真实内心一定会通过外表展现出来。所以，君子哪怕是在一个人独处时，也要谨慎严肃。曾子说："十只眼睛看着你，十只手指着你，真是令人畏惧啊！"财富可以修饰居所，而德行可以修养自身，令人心胸宽广而身体康健。所以说，君子的意志一定要真诚。

第八章

【题解】

这一章，主要讲了“正心”的重要性。所谓正心，就是让自己的内心端正平和，形成不被外物所动摇的心态。正心会让人拥有最大的“诚意”，同时也保证了“格物致知”拥有正确的方向。诚意是修身的前提，而正心则是修身的保证。“修身”必须淡泊名利，看淡得失，“不以物喜，不以己悲”，甚至放下生死。君子修道，要以一颗纯净端正的心，精进专一，才能达到圣贤的境界。

当人的心思端正时，整个人宁静祥和，不被情绪所牵绊，不被欲望所诱惑，能集中精力修养自己的品行。然而，人是有七情六欲的。在外在因素的影响下，就会产生愤怒、恐惧、喜好、忧患等情绪，这些情绪皆能使内心“不得其正”，从而让自己行为冲动莽撞，不能专心凝神，出现“心不在焉，视而不见，听而不闻，食而不知其味”的状态。此时,人的理智已经被淹没,人就会沉沦于俗世,“明明德”“齐家、治国、平天下”自然就无从谈起。

因此，在修养自身品性时，“诚其意”之后，还必须“正其心”，要用理智来驾驭感情，学会调节控制自己的情绪，务必保持中正平和的心态。特别强调的是，喜怒哀乐是人正常的情感，“正其心”绝不能走入极端，绝不是没有情感的流露，而是要让情与理和谐统一，共同促进道德的提高。

【原文】

所谓修身在正其心者，身[①]有所忿懥[②]，则不得其正；有所恐惧；则不得其正；有所好乐[③]，则不得其正；有所忧患[④]，则不得其正。心不在焉[⑤]，视而不见，听而不闻[⑥]，食而不知其味。此谓修身在正其心。

【注释】

① 身：依据程颐的理论，解释为“心”。

② 忿懥（zhì）：愤怒。

③ 好乐：嗜好。

④ 忧患：忧虑，祸患。

⑤ 心不在焉：心思没在这里，形容思想不集中。

⑥ 闻：听到。

【译文】

修身就要先端正自己的心思，这是因为心中有了愤怒，就不能端正；心中有了恐惧，就不能端正；心中有了偏好，就不能端正；心中有了忧虑，就不能端正。一旦内心不再专注，眼睛尽管在看，但不会真切，耳朵在听，但却像没听见一样，嘴里在吃东西，却不知道食物的滋味。这就是说，修身一定要先端正自己的心思。

第九章

【题解】

从古至今，家庭都是社会的重要组成部分，每一个人都希望家庭和睦兴旺。那么怎样才能做到这一点呢？在本章中，作者从“齐家和修身”的关系入手，对如何管理好家庭进行了细致的论述。

在“八条目”中，格物、致知、诚意、正心都是讲修身的方法，修身的目的就是为了齐家、治国、平天下。这样一来，人就由内在的修炼提升到如何与人相处上，开始从家庭走向社会。这种由里到外的转变，是君子必然面临的问题。只有管理好与自身息息相关的家庭和家族，才能治国、平天下。

谁也离不开家庭。在处理家庭事务上，最应注意的就是不要心存偏袒，以偏见待人。人是有感情的，在情感的作用下，往往会被好恶所支配，从而产生偏见。“人之其所亲爱而辟焉，之其所贱恶而辟焉，之其所畏敬而辟焉，之其所哀矜而辟焉，之其所敖惰而辟焉”，这种有失公允的行为会引起他人误解或反感，进而又会产生让自己更加强烈的回应。久而久之，这种恶性循环，就会让家族陷入混乱。

人与人之间的和睦相处，是以自身良好的道德为基础的，也就是自己的明德。只有注重修身，发扬了明德，才会增强彼此间的信任。由此可见，个人的修养是“齐家”重要的因素。作为一名君子，要懂得控制自己的情感，排除自己的偏见，克服自己的溺爱和贪欲，坚决摒弃“人莫知其子之恶，莫知其苗之硕”的错误思想，用自己光明正大的德行，公平地处理人际关系。只有这样，才能管理好自己的家庭，进而治国、平天下。

【原文】

所谓齐其家在修其身者，人之[①]其所亲爱而辟[②]焉，之其所贱恶[③]而辟焉，之其所畏敬[④]而辟焉，之其所哀矜[⑤]而辟焉，之其所敖惰[⑥]而辟焉。故好[⑦]而知其恶，恶[⑧]而知其美[⑨]者，天下鲜[⑩]矣。故谚[⑪]有之曰："人莫知其子之恶，莫知其苗之硕[⑫]。"此谓身不修不可以齐其家。

【注释】

①之：即"于"，对于。

②辟：偏向，偏爱。

③贱恶（wù）：厌恶，讨厌。

④畏敬：尊敬，敬重。

⑤哀矜：怜悯，同情。

⑥敖惰：敖，通"傲"，骄傲，傲慢。惰，怠慢。

⑦好：喜欢。

⑧恶（wù）：厌烦。

⑨美：美德，优点。

⑩鲜：稀少。

⑪谚：谚语。

⑫硕：茁壮。

【译文】

要想管理好自己的家族或家庭，首先要做的就是修养自身。因为人们总是对自己喜欢的人有所偏爱；对自己厌恶的人过于傲慢；对自己敬畏的人格外恭敬；对自己同情的人特殊照顾；对于自己轻视的人更加无理。所以说，喜爱某一人而知道他的缺点，厌恶某一人能知道他的优点，这种人真是太少了。有句谚语说得好："人总是看不到自己孩子的过失，总是不满足自己地里庄稼的茁壮。"这就是说，不修好自身是不可能治理好自己家庭的道理。

第十章

【题解】

在儒家的经典中，经常提到“父慈子孝，兄友弟恭”的说法，这是中国古代的家庭伦理道德。在这一章中，作者将此道德原则迁移到治国之道。孝，可以引申为对待君主的态度，悌，可以理解为与官长相处之道，慈，可以当作管理万民的方法。

在中国古代，一家之主或本族的族长可以制定家法、族规，对违反规定的家人做出惩罚。那时候，一个家往往是十几口人，甚至是上百口人。家，可以看作是一个小国，家长就是这个国的王。同样道理，一个王国可以看作是一个大家庭，国君就是这个王国的家长。他也要制定礼法制度，并对犯法的人做出相应的惩罚。基于这一点，治家与治国是有一致性的，在管理上也应该是大同小异。

在家庭中，父母是孩子的第一任老师，其影响是不容忽视的。同样道理，国君在治国中的表率作用也是巨大的。文中列举尧舜与桀纣的例子，指出上行下效的必然性。“尧、舜率天下以仁，而民从之；桀、纣率天下以暴，而民从之。”如果国君能够让自己的家庭和睦融洽，彼此相亲相爱，这说明他在齐家方面是成功。于是从治家就可以推广到治国，二者相比，只不过是人数的增多而已。国君崇高的品行洋溢着强大的亲和力，对待臣民的方式一如既往。每个人都拥有天赋的德性，都可以得到国君的教化。反之，如果国君不能弘扬明德，贪婪残暴，家庭纷乱无序，百姓自然是不会信服的，忠厚宽仁的民风也不会形成。连小范围的齐家都管不好，治理泱泱大国岂不是笑谈。因此，国君一定要重视自己的品德修养，以身作则，从齐家做起，以仁爱对待天下臣民。只有这样，才会让国家长治久安。

在文章的后半部分，作者接连三次引用《诗经》中的内容，反复强调家庭和睦的重要性，以此来突出治家与治国的内在联系。

【原文】

所谓治国必先齐其家者，其家不可教，而能教人者无之。故君子不出家而成教于国。孝者所以事君也，弟[①]者所以事长也，慈[②]者所以使众[③]也。《康诰》曰："如保赤子[④]。"心诚求之，虽不中[⑤]，不远矣。未有学养子而后嫁者也。一家仁，一国兴[⑥]仁；一家让，一国兴让；一人[⑦]贪戾[⑧]，一国作乱：其机[⑨]如此。此谓"一言偾事[⑩]，一人定国"。尧、舜[⑪]率[⑫]天下以仁，而民从之；桀、纣[⑬]率天下以暴，而民从之。其所令反[⑭]其所好，而民不从。是故君子有诸[⑮]己，而后求诸人；无诸己而后非诸人。所藏乎身不恕[⑯]，而能喻[⑰]诸人者，未之有也。故治国在齐其家。

《诗》[⑱]云："桃之夭夭[⑲]，其叶蓁蓁[⑳]。之子于归[㉑]，宜其家人。"宜其家人，而后可以教国人。《诗》[㉒]云："宜兄宜弟[㉓]。"宜兄宜弟，而后可以教国人。《诗》[24]云："其仪不忒[25]，正是四国[26]。"其为父子、兄弟足法[27]，而后民法之也。此谓治国在齐其家。

【注释】

① 弟：同"悌"，指弟弟尊敬自己的兄长。

② 慈：父母疼爱自己的孩子。

③ 使众：管理百姓。

④ 赤子：刚出生的婴儿。

⑤ 不中：不能达到目的。中，达到目的。

⑥ 兴：兴起。

⑦ 一人：一国之君。

⑧ 贪戾：贪婪凶残。

⑨ 机：原指弩箭上的发动开关，也叫弩机。引申为关键、重要。

⑩ 偾（fèn）事：让事情变坏。

⑪ 尧、舜：即尧帝和舜帝，上古时期的贤明君主。尧将自己的首领之位传给了舜，两个人合用，多比喻道德高尚之人。

⑫ 率：率领。

⑬ 桀、纣：历史上有名的两位暴君。桀，夏朝最后一个君主。纣，商朝最后一个君主。

⑭ 反：违背，违反。

⑮ 诸："之于"的合音。

⑯ 恕：推己及人，宽容大度的品德。

⑰ 喻：让人理解明白。

⑱《诗》：这里指《诗经·周南·桃夭》。

⑲ 夭夭：绚丽鲜嫩的样子。

⑳ 蓁（zhēn）蓁：茂盛的样子。

㉑ 之子于归：这个女子嫁人了。

㉒《诗》：这里指《诗经·小雅·蓼萧》。

㉓ 宜兄宜弟：兄弟之间很和睦。

㉔《诗》：这里指《诗经·曹风·鸤鸠》。

㉕ 不忒（tè）：不差。

㉖ 正是四国：四方国家的表率。

㉗ 足法：值得效仿。

【译文】

要想治理好国家就要先管好自己的家庭，如果连自己的家人都管教不好，还想教育好别人，那是没有的事。所以说，君子即便不出家门也能够完成对百姓的教化。孝顺父母的人，自然能诚心侍奉君主；尊重兄长的人，同样能以礼侍奉长辈；慈爱子女与善待百姓是一样的道理。《尚书·周书·康诰》说：“爱护百姓要像爱护婴儿一样。”如果真能按照这样去做，即使达不到目标，也不会相差得太远。谁曾见过哪个女人先学会生养孩子再去嫁人的。如果国君的家庭讲究仁爱，整个国家就会受到感化，兴起仁爱之风；国君一家谦恭有礼，整个国家也会受到感化，形成这种风气；国君贪婪凶残，整个国家就会受到影响，发生混乱。其关联就是这样紧密。也可以说，一句话可以坏了大事，一个人可以安定国家。尧舜用仁爱治理天下，人民就追随学仁爱；桀、纣以暴虐统领天下，人民也就跟着学暴虐。如果国君的命令和自己的行为相违背，人民自然不会服从。因此，君子总是自己先具备崇高的品德，再去要求别人具有美德；自己不去做恶，然后要求别人不去为非作歹。自己不能奉行推己及人的宽恕之道，却要让别人听从，这是不可能的。因此，想要治理好国家，就先要治理好自己的家庭。

《诗经·周南·桃夭》上说：“娇艳的桃花盛开，枝叶茂密葱郁，这个女人就要出嫁了，她会使自己的夫家和睦兴旺。”只有家庭和睦了，才可以教化百姓。《诗经·小雅·蓼萧》上说：“兄弟之间和睦相处。”只有兄弟间的和睦，才可以教育百姓。《诗经·曹风·鸤鸠》上说：“容貌端庄严肃，言行上没有错误，就能够成为四方国家的表率。”一个人无论作为父亲还是儿子，或是兄长、弟弟，只有成为家人的榜样，老百姓才会去效仿他。这就是治国先齐家的道理。

第十一章

一

【题解】

作为《大学》的最后一章，本篇起到了总结全文的作用。从内容上看，全章的主旨在于论述“平天下在其治国”的道理。

在这一节中，作者重点阐释了什么是“絜矩之道”。“絜矩之道”与“忠恕之道”是一脉相承的，它的核心就是要遵守道德规范，推己及人，将心比心，强调率先垂范的重要性。“上老老而民兴孝；上长长而民兴第；上恤孤而民不倍。”一个国家的民风如何，关键在于国家倡导什么、一国之君做得如何。在作者看来，君主如果有仁德之风，给臣民做出榜样，天下百姓自然追随。这样就会达到民风淳朴，政治清明。

另外，遵守“絜矩之道”还要注意六个方面的问题，“所恶于上，毋以使下；所恶于下，毋以事上；所恶于前，毋以先后；所恶于后，毋以从前；所恶于右，毋以交于左；所恶于左，毋以交于右”。这些不恰当的行为必须杜绝，切不可任其滋生蔓延。其实，这也是“己所不欲勿施于人”的具体体现。只有做到这样，才是真正的实行“絜矩之道”。

【原文】

所谓平天下在治其国者，上老老[1]而民兴孝，上长长[2]而民兴弟，上恤孤[3]而民不倍[4]，是以[5]君子有絜矩[6]之道也。所恶[7]于上，毋[8]以使下；所恶于下，毋以事上；所恶于前，毋以先后；所恶于后，毋以从前；所恶于右，毋以交于左；所恶于左，毋以交于右：此之谓絜矩之道。

【注释】

① 老老：尊重年老的人。第一个“老”作动词用，尊重，尊敬。

② 长长：尊重长辈。第一个“长”作动词用，尊重，尊敬。

③ 恤孤：恤，照顾，救助。孤，幼年丧父。

④ 倍：通“背”，背叛。

⑤ 是以：所以。

⑥ 絜（xié）矩之道：以推己度人为标尺的人际关系处理法则，内心公平中正。絜，度量。矩，画直角用的尺子，引申为法度，规则。儒家以絜矩来象征道德上的规范。

⑦ 恶：厌恶。

⑧ 毋：不要。

【译文】

要想平定天下，首先要治理好自己的国家。如果君主能尊敬老人，百姓自然就会遵从孝道；国君能尊重长辈，民众也会形成这种风气；国君能体恤孤儿，人民自然会跟着做。因此，君子应该用符合道德标准的言行为百姓做示范。讨厌上司的某种行为，就不要用这种行为对待你的下属；讨厌下属的某种行为，就不要用这种方式对待你的上司；讨厌前面人的态度，就不要用它来对待后面的人；讨厌后面人的所作所为，就不要这种行为对待前面的人。如果讨厌右边人的所作所为，就不要这样对待左面的人。讨厌自己左面人的行为，就不要用同样的方式对待右面的人，这就是君子遵守的絜矩之道。

二

【题解】

在这一节中，作者引用《诗经》中的三首诗，来阐述民心的重要，得民心者才能得天下。君主要对百姓存有仁爱之心，要做民之父母。不要高高在上，而是与他们同甘共苦。要善于体察民情，顺从民意，为民众主持正义。周朝的兴起，在于文王、武王得民心，而殷商的灭亡，在于纣王失去民心。正如本节所言：“道得众则得国，失众则失国。”

接下来，作者又阐述了在治国上德本财末的道理。一个国家能否持续发展，就要看是否得到人民的信任和拥护。德与财都是治国所必需的，其中德是根本，财是末节。一国之君要重视自己的品德修养，用仁德治理国家，把积聚财富作为第二位。切不可与民争利，本末倒置，“是故财聚则民散，财散则民聚”。如果不遵守这个道理，将会使人心离散，国家败亡。居于上位者须牢记：“有德此有人，有人此有土，有土此有财，有财此有用。”

最后，作者又郑重地提出告诫，“是故言悖而出者，亦悖而入；

货悖而入者，亦悖而出”。凡事要坚持走正道，你付出什么，就会得到什么。做了不该做的事，肯定会招来灾祸。

【原文】

《诗》① 云：“乐② 只君子，民之父母。”民之所好好之，民之所恶恶之，此之谓民之父母。《诗》③ 云：“节彼南山④，维石岩岩⑤。赫赫师尹⑥，民具尔⑦ 瞻。”有国者不可以不慎，辟⑧ 则为天下僇⑨ 矣。《诗》⑩ 云：“殷之未丧师⑪，克配上帝⑫。仪⑬ 监于殷，峻命⑭ 不易。”道得众则得国，失众则失国。是故君子先慎乎德，有德此⑮ 有人，有人此有土，有土此有财，有财此有用⑯。德者本也，财者末也。外本内末⑰，争民施夺⑱，是故财聚则民散，财散则民聚。是故言悖⑲ 而出者，亦悖而入；货悖而入者，亦悖而出⑳。

【注释】

①《诗》：这里指《诗经·小雅·南山有台》。

② 乐：高兴，愉悦。

③《诗》：这里指《诗经·小雅·节南山》。

④ 南山：终南山。又叫太乙山，道教全真派发祥圣地，在陕西省西安市。

⑤ 岩岩：形容山高险峻。

⑥ 师尹：师，太师，西周掌管军事大权的长官。尹，姓氏。周朝太师尹氏与坏人勾结，祸乱朝政。

⑦ 尔：你。

⑧ 辟：偏见，不公。

⑨ 僇（lù）：通“戮”，屠杀。

⑩《诗》：这里指《诗经·大雅·文王》。

⑪ 丧师：丧失民心。

⑫ 上帝：上天。

⑬ 仪：应该。

⑭ 峻命：大命。

⑮ 此：才。

⑯ 用：花费，支出。

⑰ 外本内末：根本在外，枝节在内。形容颠倒了事物的本末关系。

⑱ 施夺：施行劫夺。

⑲ 悖：不符合道理。

⑳ 出：失去。

【译文】

《诗经·小雅·南山有台》上说：“快乐的国君啊，你就是百姓的父母。”百姓喜欢的他就喜欢，百姓讨厌的他也讨厌，这样的国君才称得上是百姓的父母啊。《诗经·小雅·节南山》上说：“雄伟的终南山，岩石耸立。声名赫赫的尹太师，人民都在仰望着你。”执掌国家政权的人不能不谨慎，如果偏离正道，就会被天下屠杀。《诗经·大雅·文王》上说：“商朝在没有失去民心的时候，还能够按照上天的旨意行事。应该记住殷商的教训，遵照上天的要求是不容易的。”这就是说，得到民心就会得到天下，失去民心就会失去天下。因此，君子必须注重道德修养。有德之人才能得到百姓的拥护，有了百姓的拥护才会有疆土，有了国土就会产生财富，有了财富才能够保证国家的支出。人的德行是根本，财富是枝节。一旦君主重视枝节而忽视根本，就会和百姓争夺利益，对人民横征暴敛。即便得到了财富，民心就失去了。如果君主散财于民，民心就会聚在一起。这就好比一个人说出不符合道理的话，别人也会以不讲道理的话对待你；如果财物是用不道德的手段得到的，也会以可耻的方式失去。

三

【题解】

在这一节，作者对于用人方面提出了明确的要求。任用官员时，要将他的品德修养放在第一位，治国的才华与手段放在第二位。为了说明这个道理，在本节开头就引用了《康诰》与《楚书》上的内容，以及晋文公重耳的舅舅狐偃所说的话加以论证。接下来，作者又引用了《尚书·周书·秦誓》里的一段话，来进一步阐释这个道理。“若有一个臣，断断兮无他技，其心休休焉，其如有容焉”。这样的一位大臣，没有高超的治国本领，但心胸宽广，能包容他人。在对待贤能之人，他真心接纳，极力向君主举荐。“人之有技，若己有之；人之彦圣，其心好之，不啻若自其口出”。那么，任用这样的大臣有什么好处呢？文中坦诚告知：“实能容之，以能保我子孙黎民，尚亦有利哉！”

通过上文可知，一个国家要有正确的选拔人才的标准。一个人即便治国本领差一些，但只要心胸宽广、为人正直，就可以堪当重任。任用这种人，于国于民都是一件幸事。反之，让那些嫉贤妒能，心胸狭窄的人身居高位，他们就会不遗余力地压制贤能之人，堵死国家的昌盛之路。

作为一国之君，一定要学会识人，并能采取最合适的处理办法。这是历史上所有明君的一贯做法。坚决避免“见贤而不能举，举而不能先”“见不善而不能退，退而不能远”的错误，要以自身的忠信赢得天下臣民的爱戴。

【原文】

《康诰》曰：“惟命①不于常。”道善则得之，不善则失之矣。《楚书》②曰：“楚国无以为宝，惟善以为宝。”舅犯③曰：“亡人④无以为宝，仁亲⑤以为宝。”《秦誓》⑥曰：“若有一个臣，断断⑦兮无他技，其心休休⑧焉，其如有容⑨焉；人之有技，若己有之；人之彦圣⑩，其心好之，不啻⑪若自其口出。实能容之，以能保我子孙黎民，尚亦有利哉！

人之有技，媢疾[12]以恶之，人之彦圣，而违之俾[13]不通，实不能容，以不能保我子孙黎民，亦曰殆[14]哉。”唯仁人放流之，迸诸四夷[15]，不与同中国[16]。此谓唯仁人为能爱人，能恶人。见贤而不能举[17]，举而不能先，命[18]也；见不善而不能退[19]，退而不能远，过也。好人之所恶，恶人之所好，是谓拂[20]人之性，灾必逮[21]夫身。

【注释】

①惟命：惟，只有。命，上天赋予的使命。

②《楚书》:《国语·楚语》，楚昭王时史书。春秋时期鲁人左丘明所作。

③舅犯：晋文公重耳的舅舅，姓狐名偃，字子犯。

④亡人：流亡在外的人，这里指晋文公重耳。春秋五霸中的第二位霸主，曾在外流亡十九年。

⑤仁亲：仁爱亲切。

⑥《秦誓》：即《尚书·周书·秦誓》。

⑦断断：忠诚实在。

⑧休休：形容宽容，气量大。

⑨有容：能够容纳别人。

⑩彦圣：品德和才学都很出众的人。

⑪不啻（chì）：不止，不仅仅。

⑫ 娼疾：妒忌。

⑬ 俾（bǐ）：使。

⑭ 殆：灾难，祸害。

⑮ 四夷：古代对中原周边少数民族的统称，即东夷、南蛮、北狄、西戎，有蔑视之意。

⑯ 中国：中原地区。

⑰ 举：任用，任命。

⑱ 命：怠慢，没礼貌。

⑲ 退：罢免，清退。

⑳ 拂：违反。

㉑ 逮：来到，到达。

【译文】

《尚书·周书·康诰》上说："天命不是固定不变的。"只有行善积德才会得到天命，反之就会失去天命。《国语·楚语》上说："楚国没有什么贵重的东西，只把善良的人当作宝贝。"舅犯说："在外流亡的人没有什么贵重的东西，只把仁爱亲切当成宝物。"《尚书·周书·秦誓》上说："有这样一位大臣，真诚实在，却没有什么技能，但他心胸广大，能包容他人。别人有的技能，就像自己拥有一样。遇到品德与才华出众的人，他更是真心赞美，而不是嘴上说说而已。任用这样的大臣，是可以护佑我的子孙与百姓的，也能为他们造福。相反，如果别人有才能，他心存妒忌；遇到德才兼备的贤士，他总是想方设法压制，不让君主任用他。用这样的人是不能保护我的子孙与百姓的，也是极其危险的。”所以，仁德的君主会罢免这些嫉贤妒能的小人，将他们放逐到荒蛮之地，远离中原。也就是说，只有仁德之人才会爱护好人，憎恶坏人。如果遇到贤良不以举荐，举荐之后却不能重用，这就叫怠慢。看到恶人不去罢免，罢免之后却不能远远地离开他，这就叫错误。喜爱众人讨厌的，讨厌众人喜欢的，这就违反了人的本性，灾祸必然会落到自己身上。

四

【题解】

本节重点阐述了治国与理财的关系。文中出现了两种人，仁者与不仁者。他们对待财物的态度截然不同，“仁者以财发身，不仁者以身发财”。仁者散财聚民，天下太平，不仁者凭借手中的权力，搜刮民财，最终大祸临头。

接下来，作者论述了国家积累财富的方法，“生之者众，食之者寡，为之者疾，用之者舒，则财恒足矣”。因此，作为一国之君就要想办法让创造财富的人多起来，让享用的人少一些，让生产财富的人变得更加勤奋，令消费的人更加节省。与此同时，国君要对财富有一个正确的认识。当拥有财富之后，要用财富博得民心，为国家的长治久安奠定基础，而不是不择手段地聚敛钱财。一个国家，应该坚持“不以利为利，以义为利也”的治国原则。同时，国君一定要远离谗臣小人，否则就会受到他们的蛊惑，肆意搜刮民脂民膏，从而导致天灾人祸。

纵观全文，作者是从不同角度阐述了以德为本的治国方略。在儒家看来，国家的兴亡、民心的向背、人才的任免、财富的得失都与品德息息相关。一个国家，仅仅依靠法律和刑罚是不行的，还要重视道德在人们日常生活中的作用，以德治国是儒家政治思想中最突出的特征。

【原文】

是故君子有大道，必忠信①以得之，骄泰②以失之。生财有大道：生之者众，食之者寡，为之者疾③，用之者舒④，则财恒足矣。仁者以财发身⑤，不仁者以身发财。未有上好仁而下不好义者也，未有好义其事不终者也，未有府库⑥财非其财者也。孟献子⑦曰："畜马乘⑧，不察于鸡豚⑨；伐冰之家⑩，不畜牛羊；百乘之家⑪，不畜聚敛之臣，与其有聚敛之臣，宁有盗臣。"此谓国不以利为利⑫，以义为利也。长国家⑬而务财用者，必自小人矣。彼为善之⑭，小人之使为国家，灾害并至，虽有善者，亦无如之何⑮矣。此谓国不以利为利⑯，以义⑰为利也。

【注释】

①忠信：忠诚守信。

② 骄泰：骄傲放纵。

③ 疾：迅速。

④ 舒：缓慢。

⑤ 以财发身：利用财富来提升自己的修养。

⑥ 府库：古代国家贮藏财物、兵甲的地方。

⑦ 孟献子：春秋时期鲁国孟孙氏第五代宗主，著名的外交家、政治家，一生主张节俭和发展生产，时称贤大夫。

⑧ 畜马乘（shèng）：士人初做大夫的待遇。畜，饲养。乘，用四匹马拉的车。

⑨ 豚：小猪。

⑩ 伐冰之家：在古代唯有卿大夫以上的贵族办丧事时，才可以用冰块保存遗体。后来以此来形容达官贵族。伐冰，凿取冰块。

⑪ 百乘之家：有一百辆战车的家庭。指分封到各地的诸侯。

⑫ 不以利为利：不以聚敛财富为目的。第二个“利”是目的、目标的意思。

⑬ 长国家：成为国家的首领，即一国之君。

⑭ 彼为善之：将坏人当作好人。

⑮ 无如之何：没有应对的方法。

⑯ 不以利为利：第一个“利”是指财富，第二个“利”是指目的。

⑰ 义：道义，仁德。

【译文】

因此，君主治国应该遵循这样的道理：忠诚守信，就会得到天下；骄傲放纵，就会失去天下。积累财富是有方法的。当创造财富的人众多，享用财物的人很少；当创造财富的速度快，消耗财物却很缓慢，这时财富就会很充足。讲仁德的君子总是施财与民，从而提升自己的修养。而没有仁德的人却不惜用生命去聚敛钱财。从来没发现上位者讲究仁德而下位者不遵守道义的；没有遵守道义的人做事不了了之的；从来没有哪个国库的财物不是国君的。孟献子说："能用四匹马拉车的士大夫家，是不会计较养鸡养猪的小利，能用凿冰来保存尸体的卿大夫家，也不会再去饲养牛羊牟利，拥有一百辆战车的诸侯之家，就不需要搜刮民财的家臣了。与其有搜刮民财的家臣，倒不如有偷窃主人财物的家臣了。"这就是说，一个国家不能以聚敛财富为目的，而应该把道义仁德作为根本。如果一国之君一心想着敛财，他自然离不开那些奸佞之徒。这些小人一旦掌权，天灾人祸就会不断降临。到那时，即便有贤良之人，也没有办法挽救这个局面了。所以说，治理国家不要专注积累财富，而要以弘扬仁德为目的。

下卷 中庸

前言

《中庸》是一部儒家经典著作，相传是孔子之孙孔伋所作。孔伋，字子思。在孔子去世后，儒家分成八个门派，子思便是其中的一派。《中庸》原是《礼记》四十九篇中的第三十一篇，与《大学》一样，它也得到了北宋学者程颐、程颢的极力推荐。南宋朱熹把《中庸》与《大学》《论语》《孟子》合编成《四书》，并作《中庸章句》，对其做出了极高的评价。“历选前圣之书，所以提挈纲维，开示蕴奥，未有若是之明且尽者也。”宋元之后，《中庸》就成了官方指定的教科书，对后世的教育产生了极大的影响。

《中庸》全文共计三十三章，从第一章到第十九章重点阐述了中庸之道的功用性和重要性。第二十章是过渡章节，以鲁哀公向孔子询问治国的道理为例，具体指出治理国家与个人道德修养的必然联系，并引出“五达道”“三达德”以及治理国家的九条法则。在随后的十三章，紧紧围绕《中庸》的核心思想“诚”展开论述，并对如何达到至诚提出了五个方面的要求。

中庸，主张不偏不倚，无过无不及。“不偏之谓中；不易之谓庸。中者，天下之正道。庸者，天下之定理”。它是尧舜以来儒家的道统心法，是儒家弟子修行的重要依据。它所论述的是关于天道和人道的高深学问，它以“天命、性、道、慎独、中和、至善、至诚等为主要内容，以提升个人的道德修养为基础，力求达到“致中和，天地位焉，万物育焉”的境界。其具体表现涵盖个人修养，以德治国，学习方式等诸多方面。

《中庸》开篇就提出：“天命之谓性，率性之谓道，修道之谓教。”中庸是依据中和之道来行事，全文的主旨就是说明什么是中和，怎样运用中和以达到至圣的境界。中和之道是日常生活中最普通的道理，以此来修养自己，善待万物就是在实行中庸。中庸符合天道法则，是世人处理问题最正确的方法。

除了中和之外，君子慎独自律、宽容忠恕、至诚尽性的原则也是世人耳熟能详的。慎独自律是指人们在自我修养的过程中，要进行自我监督和约束。《中庸》第一章就明确提出：“道也者，不可须臾离也；可离非道也。是故君子戒慎乎其所不睹，恐惧乎其所不闻。莫见乎隐，莫显乎微！故君子慎其独也。”在自身修养上一定要严肃认真，这是衡量君子的重要标准。尤其在一个人独处的时候，更应该谨慎，做好自我反省。言行都要合乎道德，时刻遵守中庸之道。忠恕宽容，讲究推己及人、将心比心。在和别人相处中，多站在别人的角度想问题，能够理解宽容他人的错误，营造良好的人际关系。至诚尽性是中庸最核心的原则。“唯天下至诚为能尽其性。能尽其性，则能尽人之性。能尽人之性，则能尽物之性。能尽物之性，则可以赞天地之化育。可以赞天地之化育，则可以与天地参矣”。一个人只要做到至诚，就能充分发挥自己的善良本性，进而发挥他人的善良本性、发挥万物的善良本性，最后就能达到至善的境界，从而化育万物了。

在现实生活中，由于受到眼界的限制和欲望的诱惑，世人很难清楚地认识中庸，不能坚持践行中庸。另外“小人反中庸”，他们胡作非为不择手段，对君子的干扰很大。除此之外，那些智者、愚者、贤者、不肖者的所作所为，不是过分就是不及，这些都是实行中庸的障碍。于是孔子发出“中庸其至矣乎，民鲜能久矣”的慨叹。“天下国家可均也，爵禄可辞也，白刃可蹈也，中庸不可能也”。孔子内心的担忧，足以引起我们的思考。中庸立足于日常生活，要求我们行事要合乎内在尺度和外在的要求，能够主动地自我修养、自我监督、自我完善，从而具有至善、至诚的理想人格。一旦确定要实行中庸之道，无论所处的环境如何变化，就要坚守这份操守，至死不渝，就像孔子评价颜回那样“择乎中庸，得一善，则拳拳服膺而弗失之矣”。

在过去很长一段时间里，人们对中庸都存有误解。在他们看来，中庸就是不好不坏，保持中立，做老好人。事实上，中庸的精华思想是我们中华民族宝贵的文化遗产，是每个中国人都应该研读的经典。《中庸》在各个行业，各个阶层中都散发着智慧的光芒。它不仅仅论述了哲学方面的精要，而且对现实生活有着重大的指导意义。它是儒家教导弟子如何为人处世的道德准则，是一种不偏激不保守的人生态度，文中所提到的至善至诚、为政治国等方面的论述，在当今依然值得借鉴。希望每一个研习《中庸》之人，都能从中汲取营养，领悟其中的智慧，让自己的事业和人生更加灿烂辉煌。

第一章

【题解】

作为《中庸》第一章，它起着统领全文的作用。作者首先从天命谈起，点明了“天、性、道、教”之间的关系，体现了“天人合一”的思想。天生万物，赋予其理。人与物得益于天理，形成各自的本性，并依此壮大发展。圣人则根据人与物的表现，制定规范要求，教化万民，以此来彰显天道。

在作者看来，“道”是无时不在的。它是世人应遵循的准则，“不可须臾离”。在具体的实践中，文中又特别强调了个人独处时的表现，也就是在《大学》中提到的“慎独”。“是故君子戒慎乎其所不睹，恐惧乎其所不闻”。作为一个追求光明道德的人，即便在别人看不到听不见时，也要严格要求自己，自律自觉。

在这一章，作者提出了“中和”的概念，它是中庸极为重要的原则，不偏不倚，无过无不及。一个人在表达喜怒哀乐之前，内心平静祥和，称为“中”，当把这种情感有节制地表达出来以后，符合道德规范，这就叫“和”。依照“中和”，我们在日常生活中就能处理好各种人际关系，尊重宽容身边的人，不狂傲不放纵，凡事讲究尺度礼仪。人在情感中的喜怒哀乐也可以看作世间万物，我们要尊重天地，热爱自然，与它们和谐相处。“中和”是平常的道理，却与天理相对应，达到“中和”的境界，就可以“天地位焉，万物育焉”。

【原文】

天命[1]之谓性[2]，率性之谓道，修道之谓教[3]。道也者，不可须臾[4]离也，可离非道也。是故[5]君子[6]戒慎[7]乎其所不睹[8]，恐惧[9]乎其所不闻[10]。莫见乎隐，莫显乎微[11]，故君子慎其独[12]也。喜怒哀乐之未发[13]，谓之中；发而皆中节[14]，谓之和。中也者，天下之大本[15]也；和也者，天下之达道[16]也。致[17]中和，天地位[18]焉，万物育[19]焉。

【注释】

①天命：上天赋予的禀赋，即天赋。

②性：本性。

③教：教化。

④须臾：顷刻、片刻、一会儿。

⑤是故：因此，所以。

⑥君子：道德修养高的人。

⑦戒慎：警戒，谨慎。

⑧睹：看见。

⑨恐惧：担心，忌惮。

⑩闻：听见。

⑪莫见乎隐，莫显乎微：莫，在这里是“没有什么更……”的意思。见，同“现”，表现，显现。乎，于，在。隐，隐蔽，隐藏

的地方。微，细微，微小之处。

⑫ 慎其独：自己在独处的时候，要注意自己的言谈举止。

⑬ 发：表现在脸上。

⑭ 中（zhòng）节：中，切合，合乎。节，节度，法则。

⑮ 大本：即本性，天性。

⑯ 达道：人类遵行，永不易变的道理。

⑰ 致：到，达到。

⑱ 位：名词用作动词，处于合适的位置。

⑲ 育：发育，孕育。

【译文】

上天赋予的禀赋叫作性，遵循本性的行为被称为道，按照道的修养来做事被称为教。道是一刻都不能离开的，离开了就不能称之为道。因此，道德修养高的人，在别人看不见的地方依旧警惕小心，在别人听不见的地方依旧有所忌惮。没有什么比在隐蔽的地方更能明显的了，没有什么比在微小的地方更显著的了。因此，道德修养高的人在独处时始终保持谨慎。

喜怒哀乐没有表现出来，称之为中。表现出来的情绪符合法度，称之为和。中是天下人的本性；和是天下人做事的原则。

达到了中和的境界，天和地都处于合适的位置，世间万物的生长就会茂盛了。

第二章

【题解】

中庸之道，是不偏不倚，折中调和的处事态度，是让万事自然顺畅的道德规范。儒家倡导中庸，能否按照其要求去做，也就成了区分君子与小人的标准。

历史上的圣贤君子，言行举止都遵循天赋的德性，时存畏惧之心,不敢有半分偏离。中庸之道成就了君子之德,君子如能坚守此道,自然就会达到“慎独”的境界，凡事都能恰到好处。然而俗世间的小人却是截然不同，它们随心所欲，做事不考虑后果。然而这种做法是不会长久的，小人的反中庸必会招来灾祸。

小人与君子并存于世，他们对于君子实行中庸之道造成了严重的干扰，败坏了社会风气。这是一种现实，俗世中的必然。然而从另一角度讲，这也给世人提供了绝好的选择机会。在这正与邪、是与非的状态中，看你是不是还相信圣人的教诲，能不能放下心中的欲望。小人的出现，成为君子的试金石，中庸之道的珍贵也由此可以体现。

在这一章，作者提出了“时中”这一说法，这是君子践行中庸的根本保证。时中看似简单，其实需要坚忍不拔的毅力来支撑。它不是存在于一时一事，而是要时时处处实行中庸，不打折扣，精进不停。没有强大的思想基础是不可能做得到的。中道要时刻坚守，但却不是一成不变的。面对这纷繁复杂的外在世界，需要我们灵活明辨，理智应对。

【原文】

仲尼[①]曰："君子中庸[②]，小人[③]反[④]中庸。君子之中庸也，君子而时[⑤]中；小人之反中庸也，小人而无忌惮[⑥]也。"

【注释】

①仲尼：即孔子，名丘，字仲尼。春秋时期著名思想家、教育家，儒家学派的创始人，鲁国陬邑人。

②中庸：即按照"中庸之道"办事，不偏不倚，中正平和。中，持中。庸，平常。

③小人：与"君子"相对，指道德修养低下的人。

④反：违反，违背。

⑤时：时刻，时常。

⑥忌惮：忌，顾忌，顾虑。惮，惧怕，害怕。

【译文】

孔子说："道德修养高的人能按照中庸之道来办事，保持中和的态度，道德修养低下的人不能按照中庸之道来办事。君子能遵守中庸的准则，是因为他时刻按照中和的要求去做，小人不能遵照中庸的要求去做，是因为他们内心毫无忌惮，无所顾忌，肆意妄为。"

第三章

【题解】

孔子对中庸的评价是极高的，他认为中庸是与天理相同的圣德，但百姓却很少有人达到这样的境界。然而越是难以达到，就越说明中庸是多么珍贵，值得君子付出一生去追求。中庸作为天赋的德性，是每个人生来就具备的。只有将其彻底地彰显出来，才无愧于上天的恩赐。

中庸之道并没有量化的标准，它存在于人们的日常生活中。由于人们的行为受到时间、地点、心境等因素的影响，往往不稳定，不持久。即便是在孔子生活的年代，也是处于礼崩乐坏的时期。通过对尧舜、周文王、周武王、周公这些圣人的缅怀，也正表达了孔子对当时民风道德的感慨。对寻常百姓而言，没有对明德的追求，没有对情感的把控，没有对欲望的舍弃，是不能坚守中庸之道的。孔子正因为看到了这一点，在表达对中庸赞美的同时，才有着深深的忧虑和遗憾。

中庸的道德境界是非常高的，但是只要我们努力实践，学会反省，持之以恒，就在一步步接近中庸。其实只要有强大的自觉精神和坚持不懈的努力,每个人都能够做到中庸。圣人之所以能成为圣人，就在于他有着坚定的信仰和无悔的付出，为了理想不会停下前进的脚步。寻常百姓或许也曾立下过雄心壮志，但往往半途而废，最终在现实生活中迷失了自己。

【原文】

子[1]曰："中庸其[2]至[3]矣乎[4]！民鲜[5]能久矣！"

【注释】

① 子：指孔子。

② 其：大约，大概，表示推测。

③ 至：极，极点，最高。

④ 矣乎："矣""乎"都为语气词，可翻译为"了吧"，表示对所说内容的感叹。

⑤ 鲜（xiǎn）：很少。

【译文】

孔子说："中庸大概是最高的道德准则了吧！但是百姓很少能按照中庸之道来要求自己，这种现象已经很久了！"

第四章

【题解】

这一章，承接上文“民鲜能久矣”，具体论述了道之不行与道之不明的原因。“知者过之，愚者不及也。贤者过之，不肖者不及也”。中庸之道讲究无过无不及，恰到好处。然而上述提到的四种人，不是做的太多就是做的太少。由于对尺度把握不准，从而偏离了中道。

在日常生活中，我们发现人的天赋是不一样的。有的人天资聪慧，有的人则愚钝不堪。这种差别会造成他们在实行中庸之道上的不同。聪明人自认为了不起，不肯踏踏实实地做事，总觉得中庸之道不值得去实行。愚笨的人理解事物的能力较差，行动迟缓，不知道如何做到中庸，于是就出现了“道之不行”。贤能的人勤奋多虑，事情却往往做过了头，而不贤的人无论怎么做都达不到标准，这样就导致了“道之不明”。

综上所述，这两种表现都以自我认识为根本，缺乏对中庸之道的自觉性。没有遵循上天赋予的本性而行事，不是太过就是不足，难以做到恰到好处。因此我们在生活中，应该本着积极主动的精神，努力克服自身的原因，循性而为，遵守道德规范，才可行中庸之道。

【原文】

子曰：“道[①]之不行[②]也，我知之矣：知者[③]过[④]之，愚者不及[⑤]也。道之不明[⑥]也，我知之矣：贤者过之，不肖者[⑦]不及也。人莫[⑧]不饮食也，鲜能知味[9]也。”

【注释】

①道：指中庸之道。

②行：奉行，流行。

③知者，聪明的人。知，通“智”，即智慧，聪明。

④过：过分，过头。

⑤不及：没有达到标准。

⑥明：让世人明白，清楚。

⑦不肖者：不贤明的人。

⑧莫：否定词，没有，没有谁。

⑨味：味道。

【译文】

孔子说：“中庸之道不能在世上被人奉行的原因我是知道的：聪明的人，他的行为超过了中庸的标准。愚笨的人，他的行为不及中庸的标准。中庸之道让世人不清楚的原因我是知道的：贤明的人，他的行为超出了中庸的要求。不贤明的人，他的行为赶不上中庸的要求。就像人没有不喝水不吃饭的，但是却很少有人能品尝到其中真正的味道。”

第五章

【题解】

承接着前一章“道之不明也”，孔子发出了“道其不行矣夫”的慨叹。作为儒学的创立者,孔子敬天畏道。他的仁爱思想最为浓厚，将传播中庸之道作为上天赋予自己的使命。孔子希望中庸大道能够流行,每一个世人通过遵循中庸之道都成为君子。君主能够弘扬明德，百姓效仿行善，君臣各守本分，天下昌明太平。

中庸之道表现了天人合一的思想，不是儒家的道德空想。中庸之道存在于人们的日常生活，离人不远，体现了极强的社会实践性。其关键就在于人类的道德自觉提升，并能坚持不懈。

然而，孔子生活的时期，恰逢周室衰弱，礼崩乐坏之时。各种思潮层出不穷，各个诸侯国为了利益不断产生纷争，儒家的思想并没有得到普遍认同。这种社会现实让孔子的理想难以实现，因此才会有如此的感叹。这既是对中庸实现之难的忧虑，又有人心不古的感伤。

【原文】

子曰:“道①其②不行矣夫③！”

【注释】

①道：中庸之道。

②其：表示推测，大概，大约。

③ 矣夫：两个语气词连用，无实际意义，表示一种感叹，可译为“了吧”。

【译文】

孔子说：“中庸之道，大概不能在世上盛行了吧！”

第六章

【题解】

在本章，孔子称赞舜是个真正有大智慧的人，其目的就是针对“道之不行”来说明怎样才算是实行中庸之道。

舜的行为有三个特点：一、“好问而好察迩言”；二、“隐恶扬善”；三、“执其两端，用其中于民”。作为上古圣王，舜谦卑敦厚，善于倾听普通百姓的意见，并主动分析那些言论中的偏激与不足。同时，舜也具有博大的胸怀和宽容的气度。他以仁义之心，积极宣扬他人的长处，隐藏他人的缺点。另外，他还拥有丰富的生活经验和过人的领导艺术，采取不偏不倚的中道教化民众。

文中说“舜其大知也与”，这句话中的“知”是智慧的意思，这就是说舜不仅仅是聪明过人，还达到了慧的标准。慧是属于道德范畴的内容，是合乎中庸之道的规范行为。儒家历来让将“知”作为人的本性，将其视作中庸之道的一部分。所以说，人的“知”应该合乎中庸。

舜的行为，就是中庸之道的具体体现，这也是他获得智慧的源泉。孔子评价舜的目的，就是要告诉世人，中庸珍贵且可行，可以修身成圣，亦可以定国安邦。

【原文】

子曰：“舜①其大知②也与③！舜好问④而⑤好察⑥迩言⑦，隐⑧恶而扬⑨善，执⑩其两端，用其中于民，其斯⑪以为舜乎！”

【注释】

①舜：姓姚，名重华，字都君。上古时代的部落联盟首领，“五帝”之一。其帝位由尧帝禅让而来。

②大知：即智慧过人，非常聪明。知，通“智”，智慧，聪明。

③也与：两个语气词连用，表示感叹。

④好问：喜欢向别人请教。

⑤而：表示并列。

⑥察：体察，体会。

⑦迩言：容易理解的话，浅白的话。迩，近。

⑧隐：隐藏，包容。

⑨扬：弘扬，表扬。

⑩执：拿，掌握。

⑪斯：这个。

【译文】

孔子说：“舜帝大概是非常聪明的人了吧！他喜欢向别人请教问题，对那些浅近的话也能仔细体察，包容别人不好的地方，发扬别人好的地方。能根据事情的两个极端的情况，采取中和的办法来治理百姓，这大概就是他之所以能成为贤明聪慧的舜帝的原因了吧！”

第七章

【题解】

“舜的大知”给人留下了深刻的启迪，他能够“好察迩言，隐恶扬善，执其两端，用其中于民”，充分体现了一个圣人的崇高德行。然而在日常生活中，像舜这样的圣人是不多见的。那些自以为很聪明的人，言谈举止却差强人意。他们以欲望为根本，放纵自己的行为，不能趋利避害，坠入陷阱而不自知。还有一些人，明明已经选择了中庸，却禁不住外界的诱惑，迷失了本心，逐渐背离了中庸之道，这种软弱与不珍惜是最令人心痛的。这一点正是“民鲜能久矣”的主要原因。由此可见，只有排除私欲的干扰和外来的诱惑，让上天赋予的本性显现，持之以恒，才能体悟中庸之道，成为智者。

金钱是社会运转的主要媒介，人没有钱是不行的，但金钱绝不能成为我们生活的全部。在当今社会，有一些人秉持着金钱至上的理念，为了牟取暴利而不择手段，甚至是伤天害理，道德、理想、廉耻统统抛在脑后。

事实上，我们要树立正确的金钱观，正所谓“君子爱财取之有道”。如果掉进金钱的漩涡而不能自拔，甚至不惜用生命去换取钱财，那就大错特错了。践行中庸之道，修身养性，做一个善良忠厚之人，是生命美好的选择。

【原文】

子曰：“人皆①曰予②知，驱③而纳④诸罟擭⑤

陷阱之中，而莫[6]之知辟[7]也。人皆曰予知，择乎中庸而不能期月[8]守也。”

【注释】

①皆：全，都。

②予：第一人称“我”。

③驱：驱赶，驱逐。

④纳：进入。

⑤罟擭（gǔ huò）：罟和擭都是捕兽的工具，如铁丝网和笼子等。

⑥莫：否定词，不。

⑦辟：通“避”，躲避，逃避。

⑧期（jī）月：这里是“一整月”的意思。

【译文】

孔子说：“人们都说自己是个智慧的人，可是当被驱逐到笼子和陷阱里时又不知道如何躲避。人们都说自己是个智慧的人，可是选择了中庸之道以后，却连一整月都不能坚守。”

第八章

【题解】

这一章，以颜回为例，针对那些选择了中庸，却没能坚持下去的人做出了回应。颜回“得一善，则拳拳服膺而弗失之矣”，这份对中庸的坚守令人钦佩。作为孔子最出色的弟子，颜回经常得到老师的赞扬。他异常尊重孔子，深信圣人的教诲，诚心诚意地奉行中庸之道，终生不渝。他的一生非常短暂，几乎是在贫困中度过，“一箪食，一瓢饮，在陋巷，人不堪其忧，回也不改其乐”。无论条件怎样艰难，他始终以苦为乐，泰然处之。

可以说，颜回是真正的智者，他之所以能够达到那样的境界，是因他能够将自己的明德本性融于中庸之道，对孔子所提倡的仁礼统一精神不打折扣地执行。与此同时，颜回也抵制物质世界的诱惑，摒弃心中的欲望，使上天赋予的德行得以展露。透过颜回生活的经历，我们可以看出中庸之道是能够实行的，而且能给人带来精神上的快乐，也会让人的意志格外坚强。

颜回对中庸之道的坚守，还来源于对其深刻的认识，明白中庸之道在现实生活中起到的巨大作用。而对于百姓来说，不能坚持的原因，除了不能放弃私心与欲望外，对中庸之道缺乏透彻的理解也是很重要的因素。正因为认识不到位，就不会有行为上的自觉。因为任何外在的强加，都不能改变人心。只有对某种事物真正达到了心悦诚服，才会有实践的动力。从这一角度讲，对中庸之道的弘扬宣讲，对世人的引导还是很有必要的。

作为一个有决心提升自己的人，我们应以颜回为榜样，一旦认定了中庸之道，就要坚定不移地走下去，切不可出现“择乎中庸而不能期月守也”的现象。中庸之道是符合天道的至德，是值得我们为其付出一生努力的。

【原文】

子曰：“回① 之为人也，择② 乎中庸，得一善③，则④ 拳拳⑤ 服⑥ 膺⑦ 而弗⑧ 失之⑨ 矣。”

【注释】

① 回：即颜回，孔子的弟子。字子渊，鲁国人。他是孔子所有弟子中品行最高的人。

② 择：选择。

③ 善：好处、好的方面。

④ 则：于是，就。

⑤ 拳拳：紧紧握住自己的双拳，这里是虔诚，真诚的样子。

⑥ 服：放置。

⑦ 膺：胸口。

⑧ 弗：否定词“不”。

⑨ 之：代词，指中庸之道。

【译文】

孔子说：“颜回就是这样一个人，他选择了中庸之道，并且得到了其中的道理，于是他就更加虔诚地信奉中庸之道，再也不让它失去。”

第九章

【题解】

在这一章，孔子用“治天下、辞官爵、蹈白刃”来反衬中庸的之道的珍贵和难以实现。

对一个常人来说，能够将天下治理得井井有条，能够放弃高官厚禄的诱惑，能够坦然踩踏锋利的刀刃，这都是极其不容易的。虽然很难，但只要拥有足够的智慧、仁德和勇气，这些事还是可以做到的。可即便做到这些，也不一定就能达到中庸的要求。

中庸之道存在于日常生活中，无处不在。它不需要人们为之付出生命，但是要长期做到无过无不及，那就相当不容易了。如果心中没有对本性明德的不懈追求，没有对私心杂念的决然抛弃，没有一如既往地执着坚守，是很难做到的。

孔子对中庸难度的宣扬，表明了中庸之道在他心中无与伦比的高度。世人对中庸的粗浅理解以及半途而废的做法，是他极力反对的。中庸不但是为人处世的生存之法，还是对心灵的救赎之道。通过这种宣扬，也是在告诫世人要珍惜中庸，重视中庸。

【原文】

子曰：“天下国家可均①也，爵②禄③可辞④也，白刃⑤可蹈⑥也，中庸不可能⑦也。”

【注释】

①均：均匀，调和，这里引申为“治理”。

②爵：官爵，爵位。

③禄：俸禄，钱财。

④辞：拒绝，不接受。

⑤白刃：雪白的刀刃，这里比喻艰难危险的处境。

⑥蹈：踩，踏。

⑦不可能：(中庸之道)不容易实现。

【译文】

孔子说：“天下国家是可以治理的，官爵俸禄是可以不接受的，锋利的刀刃是可以在上面踩踏的，但是中庸之道是不容易在天下实现的。”

第十章

【题解】

在这一章，孔子针对子路“问强”，对什么是真正的强做出了详尽的回答。在孔子看来，南方之强，温婉大度，隐忍包容。北方之强，勇猛彪悍，咄咄逼人。尽管这两种强都值得称赞，但还不是孔子眼中真正的强。

孔子认为真正的强不应该来自身体，而是符合中庸之道的精神上的强大。其表现为“和而不流”“中立而不倚”“国有道,不变塞”“国无道,至死不变”。能做到以上四点,就可以坦然应对各种复杂的情况,守住天赋的本性,坚定自己的人生目标。这才是真正的强,无人能比。

和而不流，体现了儒家在为人处世上的基本要求。在和别人相处时，应该和睦友爱，宽容大度，不同流合污，处处坚持自己做事的原则。中立而不倚，则要求能做到无过无不及，不偏不倚地对待一切事情。只有这样，才能运筹帷幄，取得事业的成功。不变塞，彰显着儒家治国平天下的志向。当国家政治清明时，虽然自己没得到君主的任用，但不能改变心底的操守，自觉遵守道德规范。当国家动荡不堪时，要有恪守仁德的坚定信念，不随着环境的变化而丧失崇高的理想，哪怕是用生命去捍卫，也在所不惜。做到以上四点，人就会变得坚毅刚强，能够从容面对各种风浪的挑战，这就是真正的强。

在这段讨论中，孔子面对好勇斗狠的子路，不去直接说明，而是通过剖析道理，让他自己去体会什么是真正的强。由此，我们可以领略到孔子高超的教育技艺。他对子路的回答，让我们更加明确中庸之道的意义和价值。

【原文】

子路① 问强。子曰："南方之强与？北方之强与？抑而② 强与？宽柔③ 以教，不报无道④，南方之强也，君子居⑤ 之。衽金革⑥，死而不厌⑦，北方之强也，而强者居之。故君子和而不流⑧，强哉矫⑨！中立而不倚⑩，强哉矫！国有道⑪，不变塞焉⑫，强哉矫！国无道⑬，至死不变，强哉矫！"

【注释】

① 子路：孔子的学生，姓仲名由，字子路，性格豪爽。

② 而：你。

③ 宽柔：宽容大度，温柔有礼。

④ 不报无道：面对蛮横无理的冲撞，也不去报复。无道，蛮横无理的人。

⑤ 居：持守。

⑥ 衽（rèn）金革：枕着兵器或铠甲睡觉。衽，原指卧席，这里是枕着的意思。

⑦ 厌：对自己的行为感到悔恨。

⑧ 和而不流：和睦相处却不同流合污。

⑨ 矫：坚强的样子。

⑩ 倚：偏向。

⑪ 国有道：国家政治清明，人民富足。

⑫ 不变塞焉：人生不如意时也不改变志向。塞，穷困的境遇。

⑬ 国无道：社会黑暗，民不聊生。

【译文】

子路向孔子询问怎样才算是刚强。孔子说："你是问南方的强还是北方的强？还是你心中认为的强？用宽容文雅的态度教育人，不去报复蛮横无理的冲撞，这就是南方的强，君子多持守这样的强。夜晚枕着刀枪和铠甲入睡，即使战死沙场也毫无怨言，这是北方的强，崇尚武力的人选择这样的强。君子能与人和睦相处却又不同流合污，这才是真正的强！坚持中庸之道，不偏不倚，才是真正的强！天下太平，人生不如意时也不改变志向，这才是真正的强！国家动荡，民不聊生时，宁愿去死也要保持气节，这才是真正的强啊！"

第十一章

【题解】

在这一章，孔子用三种人的表现来说明中庸之道的可贵：第一种人，沽名钓誉之辈。他们为博取名望而不择手段，甚至刻意追求荒诞怪异的行为，以引起世人的注意。对此孔子表示“吾弗为之矣”；第二种人，选择了中庸之道，却没能坚持，半途而废，对此孔子表示“吾弗能已矣”；第三种人，以弘扬中庸之道为己任，默默无闻，以苦为乐。对于前两种人，孔子都持批评的态度，认为他们做的“过”和“不及”，唯有第三种人才是不偏不倚，合乎中道的要求。

中庸之道精妙博大，又随处可见。无论是平民百姓，还是君子大德，每一个践行者都应具备智慧和仁德的品格，更需要以坚强的意志来坚守。圣人之所以能成为圣人，就是具备了这样的精神和道德基础。恪守中庸之道之人，他追求的目标绝不是世间赫赫威名，而是明确本心之后地彰显德性，掌握同化天道的真理。

君子循性而为，就是在实行中庸之道。只有按照中庸之道不做过和不及的事情，才是正确的人生选择。面对滚滚红尘，能坚持自己的人生理想和信念、在任何情况下都不动摇不妥协，这是非常可贵的。一个真正实行中庸的君子，即便是面对世人的嘲笑与误解，或是失去自己的生命，也不会改变心中的志向。本章反复阐述中庸的可贵，关键就在于恒心毅力，需要长久的追求和坚持，甚至需要终生的锲而不舍。

【原文】

子曰:“素隐[①]行怪，后世有述[②]焉，吾弗为之[③]矣。君子遵道[④]而行，半途而废，吾弗能已[⑤]矣。君子依乎中庸，遁世[⑥]不见知[⑦]而不悔，唯圣者能之[⑧]。”

【注释】

①素隐：搜集隐避、不常见的道理。

②述：记载，赞颂。

③弗为之：不会这样做。

④道：中庸之道。

⑤已：停止下来。

⑥遁世：避开俗世，独自隐居。

⑦不见知：不被世人知道了解。

⑧能之：能够做到这种程度。

【译文】

孔子说:“有人喜欢搜集隐秘晦涩的道理，做出一些怪异的行为，他们或许能被后人记住称赞，但我是绝不会这样做的。君子选择了中庸之道，却又半途而废，但我是不会停止下来的。君子遵照中庸之道行事，即便是隐居遁世，不被世人所知晓也不后悔，只有圣人才能做到这样。”

第十二章

【题解】

君子之道即为中庸之道，他无处不在，却又精微难见。正如本篇首句所写："君子之道费而隐。"这句话开门见山，直接指出本篇的中心主旨，在接下来的论述中，"费"和"隐"贯穿全文。

"费"是说君子之道应用极为广泛，"隐"是说道的精微，不易体察。接下来，作者就以夫妇和圣人为例，展开论述。普通的男女尽管不那么聪明，行为上或许不够贤明，但他们对"道"都有所了解，并能在生活中予以实践，"夫妇之愚，可以与知焉"。这一点足以证明"道之费"。圣人的心智德行都要高于普通的男女，然而在他们有限的生命里，面对无处不在的精微之道，不可能在各个方面都彻底明了，在认知上肯定存有诸多不解之处，行为上也不能尽善尽美，"及其至也，虽圣人亦有所不知焉"。这一点，恰恰说明了"道之隐"的特点。而接下来的"夫妇之不肖，可以能行焉，及其至也，虽圣人亦有所不能焉"，也是再次阐述这个观点。实际上，中庸作为一种法则和规律，必然制约世间的万事万物，不仅包括普通的寻常百姓，也包括圣人的所知所行。

接下来，文章又引用了《诗经·大雅·旱麓》中的"鸢飞戾天，鱼跃于渊"一句，以鹰飞鱼跃来比喻中庸之道的上下昭明，存在于天地万物之中。在文章结尾，作者再次强调君子之道精微而又无处不在。夫妇之间的关系是天底下最为亲密的关系，而"君子之道，造端乎夫妇"，正是说明道是从精细入微处着手，由此推己到世间万物，到了最高境界，就是“及其至也，察乎天地”。

至此，君子之道的“费而隐”清清楚楚地展现在世人面前。既然是这样，道自然就“不可须臾离”了。

【原文】

君子之道费而隐①。夫妇②之愚，可以与③知焉，及其至④也，虽圣人亦有所不知焉；夫妇之不肖⑤，可以能行焉，及其至也，虽圣人亦有所不能焉。天地之大也，人犹有所憾。故君子语大，天下莫能载⑥焉；语小，天下莫能破⑦焉。《诗》云：“鸢飞戾天，鱼跃于渊⑧。”言其上下察⑨也。君子之道，造端⑩乎夫妇，及其至也，察乎天地。

【注释】

① 费而隐：广大而精微。费，用途广大。隐，精微。

② 夫妇：匹夫匹妇，指普通男女。

③ 与：动词，参与。

④ 至：指达到道的最高境界。

⑤ 不肖：指没有德行。

⑥ 载：承载。

⑦ 破：分开。

⑧ 鸢飞戾天，鱼跃于渊：此句引自《诗经·大雅·旱麓》。鸢，老鹰。戾，到达。

⑨ 察：明显，显著。

⑩ 造端：开始。

【译文】

君子之道广大而又精微。普通的男女虽然愚钝，但也可以去研究君子之道；等研究到最高深的境界时，即使是圣人也有弄不明白的地方。德行平庸的男女，也可以按照君子之道去做，等到了高深的境界时，即使是圣人也有做不到的地方。天地如此之广大，人们还有遗憾的地方。所以，君子说的“大”，大得连整个天下都承载不下；君子所说的“小”，小得天下没有什么东西能将它分开。《诗经·大雅·旱麓》中写道：“苍鹰飞向高空，鱼儿在深水中跳跃。”这句话是说君子之道上达高空，下至深渊，无处不在。其实，君子之道开始于普通人，等它达到最高深玄妙的境界，整个天地间都可以洞察。

第十三章

【题解】

本章阐述的核心就是道不远人，远人非道，以及君子治人的原则。中庸之道其实离我们并不遥远，它发起于人们的日常生活，延伸至万事万物。离开了人，也就不能称其为道，就像文中引用《诗经·豳风·伐柯》中的句子："伐柯伐柯，其则不远。"其实，中庸之道就在我们身边，不过人们没有重视注意，就像离自身很远一样。

既然要在人中实行中庸之道，那么"忠恕"就是比较主要的行为方式。忠，就是要尽自己之心，对人忠厚诚信；恕，就要宽容大度，己所不欲勿施于人。在为人处世上，应该学会换位思考，既要站在自己的立场上，又要考虑别人的感受。这样，做事情才不会莽撞失礼。在孔子看来，"忠恕违道不远"。人只要按照忠恕来行事，就差不多达到中庸了。

接下来，孔子又提出了"孝、悌、忠、信"四种君子之道，并坦言自己一点都没有达到。他的自谦，是在勉励后人能认真修养这样的品德。孔子认为，要想得到子孝、臣忠、弟敬、朋友施恩，自己首先就要尽到责任。在日常生活中，我们要言行一致，这样才能做到道不远人。

最后，孔子又提出了"言顾行，行顾言"的要求。这些虽是生活细节，但足以体现他对君子之道的重视程度。因此，我们在日常生活中必须谨言慎行，发现错误努力改正，从细微处入手，真正去实行中庸之道。

【原文】

子曰："道不远[①]人。人之为[②]道而远人，不可以为道。《诗》云：'伐柯伐柯，其则不远。[③]'执柯以伐柯，睨[④]而视之，犹以为远[⑤]。故君子以人治人[⑥]，改而止。忠恕违道[⑦]不远，施[⑧]诸己而不愿，亦勿[⑨]施于人。君子之道四，丘[⑩]未能一焉：所求乎子以[⑪]事[⑫]父，未能也；所求乎臣以事君，未能也；所求乎弟以事兄，未能也；所求乎朋友先施[⑬]之，未能也。庸[⑭]德之行，庸言之谨[⑮]。有所不足，不敢不勉，有余不敢尽。言顾行，行顾言，君子胡[⑯]不慥慥[⑰]尔？"

【注释】

① 远：疏远、排斥。

② 为：动词，实行。

③ 伐柯伐柯，其则不远：引自《诗经·豳风·伐柯》。伐柯，砍削斧柄。柯，斧柄。则，法则，这里指斧柄的式样。

④ 睨：斜着眼睛看。

⑤ 远：指差别非常大。

⑥ 以人治人：根据每个人不同的情况去治理他们。

⑦ 违道：离道。违，离。

⑧ 施：施加。

⑨ 勿：不要。

⑩ 丘：孔子。

⑪ 以：用来。

⑫ 事：动词，侍奉的意思。

⑬ 施：做。

⑭ 庸：平常。

⑮ 谨：谨慎。

⑯ 胡：怎么。

⑰ 慥慥：忠厚诚实的样子。

【译文】

孔子说："道不排斥任何人。要是有人在实施道的过程中排斥他人，那就不可能实施道了。"《诗经·豳风·伐柯》中说道：'砍削斧柄，砍削斧柄，斧柄的式样就在眼前。'假如我们手里拿着斧柄，并照着这个式样去砍削斧柄，应该不会有什么不同。但是，如果你斜着眼睛去看它，你就会以为它们有很大的差距。所以，君子会根据每个人的不同情况去治理人，只要他能改正错误，能够正确地去实施道就行了。要是能做到忠恕，那么他离道也就不远了。自己不愿意做的事，也不要去施加给别人。君子之道有四项，而我孔丘却未能做到一项：作为儿子，我应该对父亲做到的，我没能做到；作为一个臣子，应该对君主做到的，我没能做到；作为一个弟弟，应该对兄长做到的，我没能做到；作为一个朋友，我应该做到的，我也没能做到。平常的德行要努力去实践，平常的言语也要谨慎。如果在实施的过程中有不足的地方，就要勉励自己不断努力改进，言谈举止要有所顾忌，不要肆意妄为。说话要和自己的行为相符，行为也要符合自己说过的话。这样的君子怎么会不忠厚诚实呢？”

第十四章

【题解】

本篇主要讲君子要安于自己的位置，不做非分之想，即“素其位而行”。无论自己富贵贫穷、还是处于什么样的地位，都去做好自己此时应做的事。“素其位而行”并没有否定人的拼搏进取，更不同于得过且过的消极状态。它是遵循天道彰显本性的积极行为，也是一种放下心中欲望的自然反应。它所要达到的状态就是各得其所，与人的品德修养息息相关。

在现实社会中，存在着等级和地位的差异，这是不以人的意志为转移的。如果每一个人都能够做好分内的事，没有任何非分的想法，社会就会和谐安稳。君子在素位而行时，一定要做到不卑不亢。“在上位，不陵下；在下位，不援上”，这种品德上的内敛与稳重，能保证人与人之间的和谐关系，中庸之道的功效也就在每个人的身上得到体现。

君子安分守己，自会随遇而安，“上不怨天，下不尤人”。而小人则不同，他们不甘于现状，苦心钻营，企图得到不应得的好处。从这一点上讲，小人与君子的区别就在于此。古往今来，每一个称得上君子的人，都能摆正自己的位置，对自己的境遇做出适当的处理。而那些好高骛远，心存侥幸之徒，往往是功亏一篑，身败名裂。

在文章最后，孔子以射箭为例，阐释君子遇事应该向内找的道理。如今有很多人，在遇到苦难失败的时候，总是把原因归结到外部或他人身上，从来不去寻找自己的问题，正确认识自己的不足。“反求诸其身”是一种正确的人生态度，无论是现在还是过去，都有着积极的意义。

【原文】

君子素其位[①]而行，不愿乎其外。素富贵，行乎富贵；素贫贱，行乎贫贱；素夷狄[②]，行乎夷狄；素患难，行乎患难。君子无入[③]而不自得[④]焉。在上位，不陵[⑤]下；在下位，不援[⑥]上；正己[⑦]而不求于人，则无怨。上不怨天，下不尤[⑧]人。故君子居易[⑨]以俟命[⑩]，小人行险以侥幸[⑪]。子曰：“射[⑫]有似乎君子，失诸正鹄[⑬]，反求诸其身[⑭]。”

【注释】

①素其位：对现在所处的地位感到很满足。素，平素，平常。

②夷狄：泛指少数民族。夷，指东方的部族。狄，指西方的部族。

③无入：无论处于什么情况。入，处于。

④自得：自己感到得意或舒畅。

⑤陵：欺侮。

⑥援：本意是抓着东西向上爬，这里引申为巴结逢迎有权势的人意图向上爬。

⑦正己：端正自身。

⑧尤：抱怨。

⑨ 居易：居于平安的地位，即安居现状的意思。易，平安。

⑩ 俟命：等待天命。

⑪ 侥幸：偶然地获得成功或意外地免遭不幸。

⑫ 射：指射箭。

⑬ 正鹄：正和鹄都指箭靶子。画在布上的叫正，画在皮上的叫鹄。

⑭ 反求诸其身：反过来要求自己，看看自己哪里没有做好。

【译文】

君子应该知道满足自己的现状去做自己应该做的事，不要有什么非分之想。对于我们来说，处于富贵的地位，就做富贵人应该做的事；处于贫贱的地位，就做贫贱人应该做的事；处于偏远的少数民族地区，就做偏远地区人们应该做的事；处于危难之中，就要做危难之中应该做的事。总之，无论处于什么情况，君子都应该恰如其分地做好自己该做的。身处上位，不要去欺侮居于下位的人；身处下位，不要去巴结逢迎居于上位的人。我们要端正自身而不去苛求他人，这样你就能做到不去抱怨。上不抱怨天，下不抱怨人。所以，君子能够安于现状等待天命，而小人却总是喜欢铤而走险，妄图获得意外的东西。孔子说：“君子立身处世就好像射箭一样，如果射不中，不要责怪靶子不正，只能说自己的箭术不行。”

第十五章

【题解】

循序渐进，按部就班，是做一件事情成功的重要保证，君子修道更是如此。中庸之道虽然无时不有，无处不在，但在实行上仍需要一个有序的过程，要按照一定的次序由低到高，由浅入深来展开，正如文中开篇所言："辟如行远必自迩，辟如登高必自卑。"

中庸之道发端于人们的日常生活，因此生活的方方面面都蕴含着中庸的道理。我们要从身边的小事做起，从家庭做起，不断向外拓展开来。家庭是一个人事业成功的有力保证，能够恪守家庭伦理的人，一定是个至诚无私，品格贵重的人。有了齐家的根本，就可以延伸到治国，进而平天下。为此，作者引用了《诗经·小雅·常棣》中的一段话进行说明："妻子好合，如鼓瑟琴。兄弟既翕，和乐且耽。宜尔室家，乐尔妻帑。"在一个家里，如果主人和妻子儿女相亲相爱，家庭必定是其乐融融。兄弟之间能够和睦相处，整个家族也会幸福祥和。这种令父母满意的完美状态，正是由家庭中的成员一点一滴凝聚而来。这一步步走来，正是验证中庸之道要从平易处入手的道理。

修行中庸之道，首先要从寻常的小事做起，依照循序渐进的原则，时时处处都力求做到无过无不及。切忌好高骛远，操之过急，否则就不能取得良好的效果。

【原文】

君子之道，辟如[1]行远必自迩[2]，辟如登高必自卑③。《诗》曰："妻子好合，如鼓瑟琴。兄弟既翕，和乐且耽。宜尔室家，乐尔妻帑。④"子曰："父母其顺矣⑤乎！"

【注释】

①辟如：比如。辟，通"譬"。

②迩：近。

③卑：低处。

④妻子好合，如鼓瑟琴。兄弟既翕，和乐且耽。宜尔室家，乐尔妻帑：引自《诗经·小雅·常棣》。妻子，老婆和孩子。好合，和乐融洽。鼓，弹奏。翕，和顺，协调。耽，《诗经》原作"湛"，安乐。帑，通"孥"，子孙。

⑤顺：顺心，快乐。

【译文】

君子践行中庸之道，就好像远行一样，一定要从近处开始走；就好像攀登高峰一样，一定要从最低处开始起步。《诗经·小雅·常棣》中说："妻子和儿女感情和睦，如同弹琴鼓瑟一样互相配合，美妙而幸福。兄弟之间相处关系融洽，和谐而安乐。要让你的家庭生活美满，妻儿幸福快乐。"孔子说："这样，父母也就可以顺心如意了啊！"

第十六章

【题解】

本章借用鬼神的隐秘再次说明君子之道不可离。在中国古代，人们相信鬼神的存在。人的降生、死亡都和神灵有关，对百姓的生活影响巨大。它们来无踪去无影，却又无处不在。对人来讲，祭祀鬼神是生活中极其重要的事情，“使天下之人，齐明盛服，以承祭祀，洋洋乎”。祭祀前的沐浴更衣，态度庄严而恭敬，都是最大程度地表达自己的诚心和敬意。

孔子认为鬼神是神秘莫测的，“视之而弗见，听之而弗闻”。虽然听不见看不到，可是它们的功德却很大，孕育了世间的万事万物。道和鬼神是一样的，无体无形，却也无处不在。由于它存在于万物之中，人们是无法离开它的。这一点，也是对前文“君子之道费而隐”的又一次强调。鬼神之德盛大，其形又如此之精微，这和中庸之道极为相似。所以，人们在实行中庸之道上，也要像祭祀鬼神一样，用真诚崇敬之心来对待。唯有诚心，方可得道。

【原文】

子曰：“鬼神之为德，其盛①矣乎！视之而弗②见，听之而弗闻，体③物而不可遗④。使天下之人，齐明盛服⑤，以承祭祀，洋洋乎⑥！如在其上，如在其左右。《诗》曰：‘神之格思，不可度思，矧可射思[7]。’夫微[8]之显[9]，诚[10]之不可掩[11]如此[12]夫！”

【注释】

①盛：强大。

②弗：不。

③体：体现。

④遗：遗漏。

⑤齐（zhāi）明盛服：斋戒净心，穿上盛装。齐：通“斋”，斋戒。明，洁净。盛服，即盛装。

⑥洋洋乎：流动而充满的意思。

⑦神之格思，不可度思，矧（shěn）可射思：引自《诗经·大雅·抑》。格，来临。思，语气词。度，揣摩。矧，况且。射，厌，指厌怠不敬。

⑧微：细微的，隐蔽的。

⑨显：显著的，明显的。

⑩诚：真实。

⑪掩：掩饰、掩盖。

⑫如此：这样。

【译文】

孔子说：“鬼神的德行真是太强大了！你想看它也看不见，想听它也听不见，但它的功德却能毫无遗漏地在天地间体现出来。全天下的人都沐浴斋戒，穿上盛装去祭祀它。它真是千变万化，无处不在啊！好像在你的头上，又好像在你的左右。《诗经·大雅·抑》中说：‘神来到我们的身边，令人无法揣摩，怎么能够不敬和怠慢呢？’鬼神从细微到显著，真实的东西就是这样无法掩盖吧！”

第十七章

【题解】

在这一章，孔子又一次以舜为例，论述了“大德者必受命”的道理。

舜是实行孝道的杰出典范。他的生母死得早，父亲娶了后母，后来生了弟弟象。父亲和继母以及弟弟屡次想杀死舜，都被他逃脱了。然而，舜并无记恨之心，始终以孝道对待他们，以真诚感化了父母和弟弟。他的贤德在天下传扬，最终成为尧的继承人。舜贵为天子，富有四海，拥有美好的名誉。去世之后，又享受到宗庙的祭祀，子孙们也都竭力保护他的功业。“故大德必得其位，必得其禄，必得其名，必得其寿”。这些巨大的福分，绝不是无缘无故地降临。这是因为舜奉行中庸之道，具有崇高的德行，得到了上天的厚待，名利、地位、财富自然接踵而来。

上天孕育万物，慈悲公平。一个人的外在表现，会决定天意的处理。德才兼备的人，上天培养护佑，赐予福德。而奸邪作恶之徒，必定会招致灾殃灭亡。因此，每一个人都要顺从天命，彰显上天赐予的美德，积极践行中庸之道，自然会获得应该得到的一切。反之，急功近利，狂妄极端，是不会有好结果的。

在本章最后，作者以《诗经·大雅·假乐》中的内容做结尾，再次强调了中庸之道的功用。中庸之道强调自觉自律，修养自身心性，提高自己的德行和才能。在日常生活，要平和地对待遇到的一切，顺其自然。一个人如果潜心修行中庸之道，总有一天会得到上天的眷顾和保护，从而堪当重任，得到应得的福分。

【原文】

子曰："舜其大孝[①]也与！德为圣人，尊为天子，富有四海之内，宗庙[②]飨[③]之，子孙保之。故大德必得其位[④]，必得其禄[⑤]，必得其名[⑥]，必得其寿。故天之生物，必因其材[⑦]而笃[⑧]焉。故栽者培[⑨]之，倾者覆[⑩]之。《诗》曰：'嘉乐君子，宪宪令德。宜民宜人，受禄于天。保佑命之，自天申之[⑪]。'故大德者必受命[⑫]。"

【注释】

① 大孝：天下最孝顺的人。

② 宗庙：古代天子、诸侯祭祀先王的地方。

③ 飨（xiǎng）：一种祭祀形式，祭拜先王之礼。

④ 位：地位。

⑤ 禄：利禄，指财富。

⑥ 名：名声、名誉。

⑦ 材：资质，本性。

⑧ 笃：指厚待。

⑨ 培：培育。

⑩ 覆：倾覆，摧败，使其灭亡。

⑪ 嘉乐君子，宪宪令德。宜民宜人，受禄于天。保佑命之，自天申之：引自《诗经·大雅·假乐》。嘉乐，即《诗经》之"假

乐”，假，通“嘉”，善良优雅。宪宪，《诗经》原文是“显显”，显明、显著的样子。令，美好。申，重大。

⑫ 受命：接受上天的指令。

【译文】

孔子说：“舜应该是个最为孝顺的人了！在品德方面是个圣人，在地位上被尊为天子，拥有全天下的财富。后世在宗庙里祭祀他，子子孙孙都会保护他创下的功业。所以，有大德的人一定会得到应该拥有的地位，一定会得到应该拥有的财富，一定会得到应该拥有的名声，也一定会得到长寿的。所以，上天滋养万物，一定会根据它们自身的不同资质而厚待它们。能成材的就会细心培育，不能成材的就会被淘汰。《诗经·大雅·假乐》中说：‘善良优雅的君子，他的品德也一定会高尚而美好。让人民安居乐业，享受上天赐予的福禄。上天一定会保佑他，任用他，让他担负重大的使命。’所以，品德高尚的人必定会承受天命。”

第十八章

【题解】

在这一章，孔子以周文王、周武王、周公旦为例，继续论述“大德者必受命”的道理，进一步强调中庸之道能让人身居高位，能让子孙平安贤明。

周文王姓姬，名昌，是商朝末期西方最大的诸侯。他的祖父古公亶父和父亲季历都提倡仁爱，勤于政事，得到了部族人民的拥戴。姬昌即位后，他继承了父辈的事业，礼贤下士，发展农业，让自己的国家迅速强盛起来。文王去世后，武王姬发担任国君。他顺应天道，带领各诸侯国用武力推翻了商纣的暴政，救天下苍生于水火。“尊为天子，富有四海之内，宗庙飨之，子孙保之”，开创了一代盛世。作为一位承上启下的君主，文王的明德让他拥有良好的机遇，毫无遗憾地完成自己的使命。因此，孔子说他“父作之，子述之”，是最没有忧愁的一个人。

武王的去世，将他的弟弟周公旦推到了国政的最顶端。周公殚精竭虑，竭尽全力地辅佐年幼的新君周成王。在他辅政期间，平定了武庚、管叔、蔡叔的叛乱。然后他又祭祀先祖追加封号，制礼作乐，并将其推广到天下，教化万民。在儒家看来，只要能够符合百姓的心声，能够给普天万民带来幸福的人，就代表着天意，承载着天命。哪怕使用武力与征伐，也是最大的善举。

本章的后半部分讲了下葬和祭祀的礼仪，周朝的礼制允许任何一个人举行仪式来祭拜自己的祖先，而商朝的平民是绝对不允许祭祀的。在葬礼上，父亲是士，儿子是大夫，那么就要按照士的规格来安葬，因为这代表着父亲生前的地位。而在祭祀时，可以按照大夫的规格来操办，因为儿子拥有这样的资格。另外，祭祀、守丧的时间也有具体安排，丧服的穿戴也很有讲究。周公的这些礼法，使孝道更为完善，是完全符合天道民心的。

周朝的三位圣王，均是大德之人，他们都在持守着中庸的生活方式、用仁义和善行诠释着中庸之道，在获得了恒久荣耀的同时，也为后世做出了榜样。

【原文】

子曰："无忧者其唯①文王乎！以王季为父，以武王为子；父作②之，子述③之。武王缵④大王、王季、文王之绪⑤，壹戎衣⑥而有天下。身不失天下之显名⑦，尊为天子，富有四海之内，宗庙飨之，子孙保之。武王末⑧受命，周公成文武之德，追王大王、王季⑨，上祀先公⑩以⑪天子之礼。斯⑫礼也，达乎诸侯大夫，及士庶人⑬。父为大夫，子为士，葬以大夫，祭以士。父为士，子为大夫，葬以士，祭以大夫。期之丧，达乎大夫。三年之丧，达乎天子。父母之丧，无贵贱一⑭也。"

【注释】

①唯：只有。

②作：创业、开创。

③述：继承。

④缵：继承、继续。

⑤绪：事业。

⑥戎衣：指军服、战衣。

⑦显名：显耀的名声。

⑧末：年老的时候，指晚年。

⑨追王大王、王季：追加大王、王季为王。

⑩先公：对天子、诸侯祖先的尊称。

⑪以：用。

⑫斯：这、这样。

⑬庶人：泛指无官爵的平民、百姓。

⑭一：相同，一样的待遇。

【译文】

孔子说："能做到无忧无虑的人，大概只有周文王吧！他的父亲是王季，儿子是武王姬发。父亲为他开创功业，打下了江山，儿子继承他的遗愿，继续完成他的事业。武王继承了曾祖、祖父和父亲文王开创的功业，身披战袍伐纣而夺取天下，他自身不失显赫的美名，他被尊为天子，拥有天下的所有疆土。宗庙里祭祀他，子孙们生生世世都保护他开创的功业。武王在晚年的时候承受天命，及至周公才成就了文王和武王的德行，用天子的礼数祭祀追封祖先。这种祭祀的制度在诸侯、大夫、士和平民百姓中也实行。如果父亲是大夫，儿子是士，父亲死后，就用大夫的礼数安葬，用士的礼数祭祀；如果父亲是士，儿子是大夫，就用士的礼数安葬，用大夫的礼数祭祀。一年的丧期制度，由平民通行到大夫；三年的丧期制度，从庶民通行到天子。为父母服丧，制度都是一样的，没有贵贱之分。”

第十九章

【题解】

本章承接上文，通过赞扬武王和周公弘扬孝道的事迹，来说明制礼作乐的意义。孝是中华民族的传统美德，几千年来，长盛不衰。儒家重孝道，无论是什么人，都必须遵守这种行为准则。孔子眼中的孝，不仅仅是尽心侍奉父母长辈，还要“善继人之志，善述人之事者也”。在继承先人志向和事业的同时，还要摒弃他们的不足，发扬他们的优点，并根据自身的实际予以改进，这样才能够更好地齐家、治国、平天下。在这方面，周武王和周公为我们做出了榜样。因此，孔子称他们“其达孝矣乎”。

周公旦继承了文王和武王的德行，制礼作乐，万民拥戴。尤其是宗庙祭祀的礼仪，令孔子极为认同。孔子认为祭祀不仅仅是为了缅怀先祖，更是对后人的教育。“事死如事生，事亡如事存，孝之至也。”一整套复杂正规的礼仪，是家国和谐的缩影。通过祭祀能让后代子孙知道先祖的美德，并由此得到感化，从而提升自己的行为。如果家族的祭祀中缺失这样的内涵，再好的服饰与过程都是没有意义的。

在祭祀中要遵从贵贱有别，长幼有序的礼制，每个人各安其位，各司其职。在感恩祖先荫德的同时，也激起了对天地的敬畏。依天地之道，行中庸之事，治理国家就显得极为容易了。

【原文】

子曰：“武王、周公，其达孝矣乎！夫孝者：善继人[1]之志，善述人之事者也。春秋修其祖庙，陈其宗器[2]，设[3]其裳衣[4]，荐[5]其时食。宗庙之礼，所以序[6]昭穆[7]也；序爵，所以辨贵贱也；序事，所以辨贤也；旅酬下为上[8]，所以逮[9]贱也；燕毛[10]，所以序齿[11]也。践其位，行其礼，奏其乐，敬其所尊，爱其所亲，事[12]死如事生，事亡如事存，孝之至也。郊社[13]之礼，所以事上帝也。宗庙之礼，所以祀乎其先也。明乎郊社之礼、禘尝[14]之义，治国其如示诸掌[15]乎！”

【注释】

①人：先人。

②宗器：宗庙里的祭器。

③设：摆设、陈列。

④裳衣：指先人的衣裳。

⑤荐：进献。

⑥序：排列。

⑦昭穆：古代宗庙里神主摆放的次序，左边为昭，右边为穆；父为昭，子为穆。

⑧旅酬下为上：宴席中年轻人向长者敬酒。旅，众人。酬，敬酒。下，年轻人。上，长者。

⑨逮：逮及、达到。

⑩ 燕毛：古代祭祀后宴饮时，以须发的颜色安排座次，须发白、年长者居上位。燕，通“宴”。毛，须发。

⑪ 序齿：按年龄大小排序。

⑫ 事：对待、看待。

⑬ 郊社：祭天地，周代冬至祭天称郊，夏至祭天称社。

⑭ 禘尝：禘礼与尝礼的并称。夏祭曰禘，秋祭曰尝，古代常用以指天子诸侯岁时祭祖的大典。

⑮ 示诸掌：观看自己的手掌上的东西。示，通“视”。

【译文】

孔子说：“周武王、周公大概就是最讲孝道的人了吧！所说的孝，就是善于继承先人的遗志，并能很好地继承先人未完成的事业。到了春秋时节，开始修缮祖庙，陈列宗庙里的祭器，摆设先人的衣裳，进献应季的食物。宗庙的祭祀之礼，是为了排列神主的摆放次序的；排列爵位的次序，是为了辨别身份贵贱的；排列职事的次序，是为了分辨才能高低的；祭后宴席中年轻人向长者敬酒，是为了让地位卑贱的人也能表达敬意的；祭祀后宴饮时，以须发的颜色安排座次，是为了分辨年龄大小的。祭祀时，要行祭祀的礼，演奏祭祀的乐曲，敬先王心中尊敬的人，爱护先王所爱的子民。侍奉死者要和他生前一样，对待逝去的人要和他健在时一样，这就是孝的最高境界。祭祀天地的礼节，是用来祭祀上帝的。宗庙祭祀的礼节，是用来祭祀祖先的。明白祭祀天地与四时祭祀的意义，治理国家就好像观看自己手掌上的东西一样简单。”

第二十章

一

【题解】

鲁哀公向孔子询问治国的方法，孔子以周文王和周武王为例，指出“文武之政,布在方策。其人存,则其政举;其人亡,则其政息”。在孔子看来，有什么样的人执政，就会出现什么样的国情。治理国家最需要贤明的人才，而获得人才的方法其实很简单，就是让国君能够提升自己的道德修养，言谈举止符合礼法规范，用自己的德行来感召人才。而提升修养的方法在于遵循中庸之道，进而广施仁义，明辨忠奸。

中庸之道重在仁义，一国之君只要能施以仁政，民众的心就会归服。“仁者，人也，亲亲为大。义者，宜也，尊贤为大。亲亲之杀，尊贤之等，礼所生也。”孔子的话深邃却明了，仁是从爱护自己的亲人开始的，要对父母尽孝道，关心疼爱兄弟、子女。义的基本表现就是做最适宜的事，不可任性胡为，而尊重贤良之人则被视为最大的义。二者相互依存，“礼所生也”。

在本节最后，作者做以总结。以层层推进之法，再次阐述治国之道。君子必须要注重修身，修身的前提是善待亲人。想善待亲人就要明白人性的差异，最后归结为要了解天道。

【原文】

哀公[1]问政。子曰："文武之政，布[2]在方[3]策[4]。其人[5]存，则其政举；其人亡，则其政息[6]。人道敏[7]政，地道敏树。夫政也者，蒲卢[8]也。故为政在人，取人以身，修身以道，修道以仁。仁者，人[9]也，亲亲[10]为大。义者，宜也，尊贤为大。亲亲之杀[11]，尊贤之等，礼所生也。在下位不获[12]乎上，民不可得而治矣。故君子不可以不修身，思修身不可以不事亲[13]；思事亲不可以不知人；思知人不可以不知天。"

【注释】

①哀公：春秋时鲁国第二十六任国君，姓姬，名蒋，"哀"是谥号。

②布：陈列。

③方：书写用的木板。

④策：书写用的竹简。

⑤其人：指文王、武王。

⑥息：灭，消失。

⑦敏：迅速。

⑧蒲卢：即芦苇。

⑨人：指爱人。

⑩ 亲亲：爱护亲人。第一个“亲”是动词，“爱”的意思。第二个“亲”是名词，指亲人。

⑪ 杀：等级、差异。

⑫ 获：获得上级的任用和信任。

⑬ 事亲：侍奉自己的亲人。

【译文】

鲁哀公向孔子询问政事。孔子说：“周文王和周武王的政事已经记录在史册上。他们在世的时候，这些政策都得到了实行；当他们去世后，这些政策也都随着停止了。贤人治理国家，政治可以迅速昌明，肥沃的土地种植树木，树木可以迅速成长。政事就好像芦苇一样快速容易。因此，处理好政事的关键在于启用什么样的人。要想得到优秀的人才，首先要修养自身，而修养自身就在于实行大道，实行大道就要具有仁爱之心。仁，就是人本身具备的爱人之心，爱护亲人就是最大的仁爱。义，就是做什么事都要适宜，尊重贤人就是最大的义。亲人之间的亲疏远近，尊重贤人的等级差别，也是礼能够产生的原因。(在下位的人，如果得不到上级的信任，那就无法治理好百姓。) 所以，要想成为一名君子，自身一定要有修养。要修养自身，一定要侍奉亲人；要侍奉亲人，一定要知道人道；要知道人道，一定要知道天道。”

二

【题解】

本节论述的核心是五达道和三达德，这些都是天下通行的道理与品德。五达道包括君臣之道、父子之道、夫妇之道、兄弟之道、朋友之道。三达德指的是智、仁、勇。无论是五达道和三达德，实现它们的关键是"诚"，即真诚专一。修身的实质就在于有诚心，这样人的本性就会显露出来，中庸之道才能实行。

在现实生活中，由于人的秉性不同，所处的环境不同，做事的目的不同，在实现三达德的过程中会呈现出不同的状态。"或安而行之，或利而行之，或勉强而行之"。但不管怎样，只要最终做成了，都是值得尊敬的。

在本节末尾，孔子对好学、力行、知耻做出了评价，"好学近乎知，力行近乎仁，知耻近乎勇"。它们是接近三达德的行为，应该尽心去做。能做到这三点，修身、治国、平天下也就容易得多了。

【原文】

天下之达道①五，所以行②之者三。曰：君臣也、父子也、夫妇也、昆弟③也、朋友之交也：五者，天下之达道也。知④、仁、勇三者，天下之达德⑤也，所以行之者一⑥也。或生而知之，或学而知之，或困⑦而知之，及其知之一也。或安⑧而行之，或利⑨而行之，或勉强而行之，及其成功一也。

子曰："好学近乎知，力行[10]近乎仁，知耻近乎勇。知斯三者，则知所以[11]修身；知所以修身，则知所以治人；知所以治人，则知所以治天下国家矣。"

【注释】

①达道：全天下通行的道理。

②行：途径，路径。

③昆弟：兄和弟。

④知：智慧。

⑤达德：全天下通行的美德。

⑥一：专一。

⑦困：困惑。

⑧安：自然，心安理得。

⑨利：利益。

⑩力行：努力做善事。

⑪所以：怎样，如何。

【译文】

天下共通遵循的人伦之道有五种，用来实行这五种道的品德有三项。君臣、父子、夫妇、兄弟、朋友之间的交往，就是五种天下共通的道。智、仁、勇这三项是天下共通的品德。这三种品德实行起来，道理是一样的。有的人生下来就懂得这些，有的人经过学习才懂得，有的人经历过艰难困苦后才懂得，最后，他们都懂得了，也就一样了。这些道理实行起来，有的人自觉地去做，有的人是为了利益去做，有的人不情愿地去做。最后，他们都做成功了，效果也是一样的。孔子说："努力学习就接近了智，身体力行就接近了仁，懂得廉耻就接近了勇。知道这三样，就知道了怎样修养自己；知道怎样修养自己，就知道了怎样治理人；知道怎样治理人，也就知道了怎样治理国家和天下。"

三

【题解】

本节主要讲述了治理国家的九条准则，以及实施这些准则所取得的作用。这九条准则分别是修养自身、尊重贤良、善待亲人、敬重大臣、体恤群臣、爱护百姓、广聚工匠、怀柔远方、安抚诸侯。这些治国方略，是儒家理想化的政治目标，也是推己及人的恕道又一次地展现。我们可以看到，这九条治国准则是按照由小到大，由近及远的顺序排列。首先是修身，接下来是尊贤和亲亲，继而是尊敬大臣和体恤群臣，然后是子庶民和来百工，最后是柔远人和怀诸侯。这种顺序是不能打乱的，它体现了循序渐进的修身方法，符合中庸之道的要求。

接下来，文章论述了实施这九条准则的好处。国君能够明辨是非，兄弟之间和睦相处，臣子会尽心辅佐，士兵能知恩图报，百姓与工匠会努力生产，四方诸侯也会甘心归顺。试想，哪一个在位者不愿意看到国家拥有这样的局面呢？孔子的这番话，为鲁哀公指明了治国方向，也为后世的统治者提供了借鉴。

需要强调的是，在这些准则中，一国之君的道德修养是基础，“诚”是核心。国君要内心无欺，广施仁政，才会处理好与臣民的关系，才能得到天下人的拥护。

【原文】

凡为天下国家有九经①，曰：修身也，尊贤也，亲亲也，敬大臣也，体②群臣也，子庶民③也，来④百工⑤也，柔远人⑥也，怀⑦诸侯也。修身则道立；尊贤则不惑⑧；亲亲则诸父、昆弟不怨⑨；敬大臣则不眩⑩；体群臣则士之报礼重；子庶民则百姓劝⑪；来百工则财用足；柔远人则四方归之；怀诸侯则天下畏⑫之。

【注释】

①九经：九条准则。经，准则。

②体：体察、体恤。

③子庶民：把百姓看作自己的孩子。庶民，平民。

④来：招来。

⑤百工：各种类型的工匠。

⑥柔远人：安抚来自边远地区的人。

⑦怀：抚慰，安慰。

⑧惑：困惑，疑惑。

⑨ 怨：怨恨，猜忌。

⑩ 眩：原意是眼睛发花，文中指迷惑君王。

⑪ 劝：努力。

⑫ 畏：敬畏。

【译文】

治理国家和天下有九条准则，那就是：修养自身、尊重贤人、亲爱亲族、尊敬大臣、体恤群臣、爱民如子、广纳工匠、优待远客、安抚诸侯。修养自身，就能确立正道；尊重贤人，就不会出现思想上的困惑；亲爱亲族，父子兄弟之间就不会产生怨恨；敬重大臣，遇事就不会迷乱；体恤群臣，他们就会竭尽全力报答；爱民如子，百姓们就会努力团结一心；广招工匠，就会使财物更加丰盈；优待远方来客，各地的百姓都会来归顺；安抚诸侯，天下的人都会产生敬畏之心。

四

【题解】

在这一节中，孔子对实施九条治国准则做出了详细的介绍。

首先是修养自身，“齐明盛服，非礼不动，所以修身也”。衣着端庄得体，不去做不合礼仪的事情。接下来是驱除奸佞，远离女色，看淡财物，即“去谗远色，贱货而贵德”，这是尊重贤良的体现。“尊其位，重其禄，同其好恶”就是对亲朋最好的善待。对百姓，对百工，也是尽量满足他们的要求。“朝聘以时，厚往而薄来”更是体现了一种豁达与开明。孔子提出的这些方法清晰明了，彰显着了国君的胸怀与智慧。其实每一种方法，彼此间都是相辅相成的，都是基于对人性的尊重，都是中庸之道在生活中的具体体现。

在本节末尾，孔子提出“凡为天下国家有九经，所以行之者一也”。这里的“一”是指一样的道理，即国君的诚心。在治理国家上，一国之君如果只是口头支持，内心无动于衷，做事依旧我行我素，是不可能达到目的的。

【原文】

齐明盛服①，非礼不动，所以修身也。去谗②远色③，贱货④而贵德⑤，所以劝贤也。尊其位，重其禄，同其好恶⑥，所以劝亲亲也。官盛任使⑦，所以劝大臣也。忠信重禄，所以劝士也。时使⑧薄敛⑨，所以劝百姓也。日省⑩月试⑪，既禀⑫称事，所以劝百工也。送往迎来，嘉善而矜⑬不能，所以柔远人也。继绝世⑭，举废国⑮，治乱持⑯危，朝聘⑰以时，厚往而薄来⑱，所以怀诸侯也。

【注释】

① 齐（zhāi）明盛服：内心真诚，服饰端庄。齐，通“斋”，斋戒，形容心地挚诚。

②去谗：摒弃搬弄是非的谗言。

③远色：远离女色的诱惑。

④贱货：把财物看得很轻。

⑤贵德：重视道德修养。

⑥好恶：喜好厌恶。

⑦官盛任使：拥有足够的属官，随便使用。

⑧时使：在合适的时间安排百姓服劳役，不误农时。

⑨薄敛：减轻对百姓税物的征收。

⑩省：上级视察。

⑪试：考核。

⑫既廪：薪水，俸禄。

⑬矜：怜悯，同情。

⑭继绝世：延续已经断绝了的家族世系。

⑮举废国：复兴已经灭亡的邦国。

⑯持：扶植，帮助。

⑰朝聘：古代诸侯亲自或派使臣按期朝见天子。

⑱厚往而薄来：君主对诸侯多加赏赐，少收贡品。

【译文】

斋戒沐浴，穿上盛装，不做不合礼仪的事，这是为了修养自身。不相信谗言，远离女色，看轻名利注重德行，这是为了尊重贤人。给他们令人尊敬的地位，丰厚的俸禄，并有相同的喜好，这是为了亲爱亲族。足够的官员任他们差使，这是为了勉励大臣。真诚地相信他们，并给予丰厚的俸禄，这是为了勉励士人。让百姓服劳役不要耽误农时，减轻赋税，这是为了勉励百姓。每天都去视察，每月都要进行考核，并付给他们应得的报酬，这是为了勉励那些工匠。欢送离开的，欢迎到来的，奖励表现好的，帮助没有能力的人，这是为了安抚远方的来客。延续已经中断的家族，复兴已经没落的国家，治理内乱，扶持危局，定时接受诸侯的朝见，不索要贵重的贡品，离开时再给以丰厚的赏赐，这是为了安抚诸侯。

五

【题解】

在本节中，孔子以“凡事豫则立，不豫则废”为切入点，阐释遇事必先立其诚的道理。

一个人无论是讲话、做事还是修身，都应该提前做好计划，有所准备。未雨绸缪，防患于未然。“言前定则不跲，事前定则不困，行前定则不疚，道前定则不穷”。其实一个团体或是某个机构也都应该这样去做，治理国家更是如此。上位者要对民生情况做出调查和预设，对可能出现的情况提出预案。否则，等问题出现再去解决，那就不是小事情了。

生活中，凡事都准备周全，自然就会有良好的效果。而做好准备的思想基础，就是内心真诚专注。一个人对某件事情不在意，不重视，凭什么要去做好准备呢？因此，精诚是一个人做事的基础。修习中庸之道，更应该以诚为本。

【原文】

凡为天下国家有九经，所以行之者一也。凡事豫[①]则立，不豫则废。言前定则不跲[②]，事前定则不困[③]，行前定则不疚[④]，道前定则不穷[⑤]。

【注释】

①豫：提前做好准备。

②跲（jiá）：话语不流畅。

③困：困难，阻碍。

④疚：困惑。

⑤穷：危险，困境。

【译文】

无论是治理邦国，还是治理天下，都应有九条准则，但是实行这些准则的道理都是一样的。无论做任何事，只要事先有所准备，就会成功，没有准备就会失败。说话之前有所准备，就不会说得不流畅；做事之前有所准备，就不会遇到困难；行动之前有所准备，就不会感到困惑；事先选好道路，就不会走到绝境。

六

【题解】

以仁义治民，让百姓安居乐业是儒家的政治理想。孔子认为，治民的根本是“诚身明善”，提升个人修养。为了说明这个道理，本节从获得上级的信任说起，然后延伸到朋友的信任，接下来是孝顺自己的父母，最后由孝道引出诚身明善。整个内容逻辑严谨，环环相扣，给人一目了然之感。

【原文】

在下位不获乎上①，民不可得而治②矣。获乎上有道：不信乎朋友，不获乎上矣。信乎朋友有道：不顺③乎亲，不信乎朋友矣。顺乎亲有道：反诸身④不诚，不顺乎亲矣。诚身有道：不明乎善，不诚乎身矣。

【注释】

① 上：上司，上位者。

② 治：治理，管理。

③ 顺：孝顺，照顾。

④ 反诸身：回头反省自身。

【译文】

处于下位的人如果得不到上位者的信任，就不可能治理好百姓。获得上位者信任的方法，那就是朋友间要讲信用。如果朋友都不能相信你，自然就不会得到上位者的信任和支持。而要想得到朋友的信任，首先就要先孝顺自己的父母。如果不能得到父母的欢心，也就不会得到朋友的信任。孝顺父母也是有方法的，就是要待人真诚。

待人不真诚，就不会孝顺父母。要想使自己真诚，就要懂得至善的道理。不懂得什么是善，自己就不会真诚了。

七

【题解】

这一节以“诚者”和“诚之者”的区别为核心，展开了深入的论述。“诚者”是天之道，是上天赋予的品德。“诚之道”是人之道，是恢复并保持这种天性的行为。“诚”精微巨大，它是天道与人道之间的纽带，也是君子道德修养的重要途径。一个人能以诚修身，持之以恒，就会实现齐家、治国、平天下的理想。

天生拥有“诚”的人是圣人，他不需要刻意努力就能达到那种要求，但这样的人毕竟是少数。绝大多数的人都是“诚之者”。求诚之人需要选择至善，“择善而固执之者也”。目标一旦确立之后，就要认真执行，通过“博学之，审问之，慎思之，明辨之，笃行之”得以完成。这五种方式是为学之道，紧密相连，层层递进，缺一不可。在学习的过程中，不能轻言放弃，要有“弗措”的精神，坚守心中的追求，以“人一能之，己百之；人十能之，己千之”的决心来面对，最终也会由愚笨变得聪明，由柔弱变得刚强。

几千年来，儒家整个的理论体系都是以诚作为核心。君子之诚是天道与人道完美融合的体现，也是实践中庸的精要所在。凡修习中庸之道的人，无一不讲诚。

【原文】

诚者[①]，天之道也；诚之者[②]，人之道也。诚者，不勉[③]而中，不思而得，从容中道，圣人也。诚之者，择善而固执[④]之者也。博学之，审问之，慎思之，明辨之，笃[⑤]行之。有弗学，学之弗能，弗措[⑥]也；有弗问，问之弗知，弗措也；有弗思，思之弗得，弗措也；有弗辨，辨之弗明，弗措也；有弗行，行之弗笃，弗措也。人一能之，己百之；人十能之，己千之。果能此道[⑦]矣，虽愚[⑧]必明，虽柔必强。

【注释】

① 诚者：先天具有的真诚。

② 诚之者：后天形成的真诚。

③ 勉：勉强，逼迫。

④ 固执：坚定地执行。

⑤ 笃：行为坚定，不改变。

⑥ 弗措：不停止。

⑦ 此道：这样的方法。

⑧ 愚：愚蠢，愚笨。

【译文】

真诚，是上天的准则；追求真诚，是做人的准则。真诚不需要勉强就能做到，不需要思考就能懂得，从从容容地就符合了中庸之道，真是圣人啊！做到真诚，就是选择了善而且执着地坚持下去。要广泛地学习，详细地询问，谨慎地思考，明确地辨别，踏踏实实地做事。要么不学，如果学了没有学会，就不要停止；要么不问，如果问了却没有弄懂，就不要停止；要么不想，如果想了却没有想明白，就不要停止；要么不分辨，如果分辨了却没有明确的方向，就不要停止；要么不实行，如果实行了却不能踏踏实实，就不要停止。别人用一分努力能做到的，我要付出一百分的努力去做。别人用十分的努力能做到的，我要付出一千分的努力去做。如果真能够做到这些，虽然愚蠢的也会变得聪明，虽然柔弱的也会变得坚强。

第二十一章

【题解】

“诚”代表着天道的自然特性，涵盖世间的万事万物，也是中庸之道的核心思想。君子行事当以“诚”为主，内心纯净，坦荡做人。否则，四处碰壁，为人所唾弃。

在这一章,作者把“诚”分为两种,即“自诚明”和“自明诚”。人是有先天本性的,这是上天赋予的,这种天性能使人直接达到“诚”的境界，也就是圣人之德。这种“不思而得，从容中道”的人，也就是上文说的“诚者”，即“自诚明”。但是，在现实生活中，圣人毕竟是少数。人世间有着太多的欲望与诱惑，或为名利或为情欲，这些障碍会埋没人的本性。一个人只有把这些东西彻底清除，才能显露本心。圣人自具明德，可以直接明心见性。普通之人没有那样的天赋，只能通过不断的学习才能达到诚的境界。这就是文中所说的“自明诚,谓之教”。这种状态不是天性使然,而是后天教化的作用。这就是“诚之者”，即“自明诚”。

君子能诚，心自会明；心性清明，意自会诚。“诚则明矣，明则诚矣。”二者虽然成就的方式不同，但都达到了至诚的目的，在功效上是一致的。前者体现的是道德本性，后者体现的是客观努力。实际上，这两种方式都是非常重要的。二者相互依存，彼此交融。在现实生活中，我们应该将二者很好地结合起来，才能尽快达到至诚的境界。

【原文】

自[1]诚明[2]，谓之性[3]；自明诚，谓之教[4]。诚则[5]明矣，明则诚矣。

【注释】

①自：由，从。

②明：明白。

③性：天性。

④教：教育。

⑤则：就。

【译文】

由真诚而明白道理，叫作天性；由明白道理而做到真诚，这是教育。做到了真诚就明白了道理，明白了道理后也就做到了真诚。

第二十二章

【题解】

本章承接上文，表达了对“天下至诚”的赞颂，这是儒家最为推崇的境界，只有圣人才能够达到。至诚的作用是非常大的，“唯天下至诚，为能尽其性；能尽其性，则能尽人之性；能尽人之性，则能尽物之性”。这也就是说，至诚能够使人“尽其性”，最大限度地彰显人的善良本性。接下来，让自己的行为感化他人，让所有人都能充分发挥自己的本性。然后推人及物，使万事万物也都尽情展露其本性，各得其所，达到“可以赞天地之化育”的境界。

至诚之人，已经没有了后天各种因素的干扰，思维纯净，自然秉承天道。当一个人的天性彰显后，他就能“尽人之性”。接下来由启悟别人的德性，进而明察万物，最终帮助天地化育万物。这个过程环环相生，紧密相连，是天人合一思想的具体表现。

至诚尽性体现着《中庸》的主旨，它不单单是修身中的一种道德标准，还在人的实际生活中得以展现，并发挥强大的作用。一个真诚的人，会正确对待自己的缺点与不足，对待亲人、朋友、师长也无半点虚假之心。这种美好的行为能增加自身的人格魅力，甚至可以达到与天地并列为三的地步。如果一个人为人不至诚，就不能和别人融洽的生活，也不能与世间万物形成统一，家庭与社会的和谐更无从谈起。在日常生活中，如果我们每个人都能以诚待人，就没有了欺诈和伪善，这个世界将会无比的美好。

【原文】

唯①天下至诚②，为能尽其性③；能尽其性，则能尽人之性；能尽人之性，则能尽物之性；能尽物之性，则可以赞④天地之化育⑤；可以赞天地之化育，则可以与天地参⑥矣。

【注释】

①唯：只有。

②至诚：极为诚恳；真诚。

③尽其性：充分发挥本性。尽，穷尽。

④赞：赞助。

⑤化育：化生和养育。

⑥天地参：与天地并列为三。参，并列。

【译文】

只有极为诚恳的人，才能充分发挥他的本性；能充分发挥他的本性，就能充分发挥出人类的本性；能充分发挥人类的本性，就能充分发挥世间万物的本性；能充分发挥万物的本性，就能帮助大地繁衍生命；能帮助大地繁衍生命，就能与天地并列为三了。

第二十三章

【题解】

这一章，是承接上文而来，指出达到至诚的另一种方法——“其次致曲，曲能有诚”。

圣人“自诚明”，明德彰显。他们率性而为，秉承天赐的本性，能够达到“赞天地之化育”的境界。然而，比圣人稍差一些的贤人，他们没有天赋的本性真诚。但是，通过“致曲”这个过程，也可以达到“赞天地之化育”的境界。所谓“致曲”，就是首先要选择德行的某一个方面，然后潜心修养，坚持不懈，经过“形、著、明、动、变、化”等阶段后，这一方面的特点会越来越明显，最后就能够彰显全部的德性，感动教化他人了。这个过程就像星星之火经过风的助力，最终达到燎原之势。

综上所述，我们看到了贤人经过“诚之”的努力，是可以达到圣人境界的。本章借此让世人明白，至诚是看得见行得通的。一个人通过努力，都会取得成功。其中的关键就在于是否专一，是否能够达到至诚。

【原文】

其次①致曲②，曲能有诚。诚则形③，形则著④，著则明⑤，明则动⑥，动则变⑦，变则化⑧，唯天下至诚为能化。

【注释】

①其次：指圣人以下还未能到达诚的这部分人。

②曲：局部，一部分。

③形：显露，表现在外面。

④著：显著。

⑤明：闪亮，散发出光芒。

⑥动：感动。

⑦变：变化。

⑧化：化育。

【译文】

没有达到诚的这一部分贤人，认真地做好某一个方面也能做到真诚。做到了真诚就会表现出来，表现出来就会越来越显著，显著了就会散发出光芒，有了光芒就会使他人受到感动，他人受到感动就会有所改变，有了改变就会化育万物，只有天下最真诚的人才能化育万物。

第二十四章

【题解】

这一章，主要讲述了至诚所能达到的功效，“至诚之道，可以前知”。即可以预测吉凶祸福，就像神明一样灵验。

“国家将兴，必有祯祥；国家将亡，必有妖孽。”事物的发展是有规律的，国家的兴亡也是有踪迹可循的。在古人看来，这些征兆或者表现在人的动作外表上，或者表现在用蓍草与龟甲的占卜中。可是，这些征兆即便被普通人看见，由于他们头脑蒙昧，也看不出其中的端倪，更不会为此付出任何行动。而至诚的人则不同，他们心无杂念，与天地同为一体，明白天地的道理。在这种境界中，会很容易地洞彻万物变化的规律，不论是国家的兴衰，还是个人的福祸都能预先知道。所以说，“至诚如神，可以前知”。

【原文】

至诚之道，可以前知①。国家将兴，必有祯祥②；国家将亡，必有妖孽③。见④乎蓍龟⑤，动乎四体⑥。祸福将至：善，必先知之；不善，必先知之。故至诚如神⑦。

【注释】

① 前知：预知；有预见；事先知道。

② 祯祥：吉祥的征兆。

③ 妖孽：物类反常的现象，古人以为是不祥之兆。

④ 见：同“现”，呈现。

⑤ 蓍龟：蓍草和龟甲，用来占卜。

⑥ 四体：手足，指动作仪态。

⑦ 如神：像神灵一样微妙。

【译文】

最高的真诚能够预知未来。国家将要兴盛，一定会有吉祥的征兆；国家将要灭亡，一定会有反常的现象发生。在占卜的蓍草和龟甲上会有所呈现，也会体现在人们的行为举止上。福祸将要到来时：是善，一定会事先知道；是恶，也会有所预见。所以，最高的真诚就像神灵一样微妙。

第二十五章

【题解】

这一章，主要阐述了至诚可以成就万物的道理。在朱熹看来，诚是从内心角度讲的，是本；道是从事理角度来说的，是用。也可以说,诚是提升个人修养的重要条件,道是实现这个目的的必要途径。其实，无论是诚还是道，都需要自身的努力与提升才能达到的。

至诚存在于万物发展的始终。没有至诚，也就没有万物的出现。因此，君子的可贵就在于能达到至诚。然而，对一个君子而言，自身的道德完善提高并不是终极目的，还应该继续彰显自己的德性，以此来成就万物，为天下苍生造福。“诚者，非自成己而已也，所以成物也”。成就自我的过程可以称作仁义,成就事物的过程就是智慧。仁义和智慧都是秉承天道的德行，无论何时实行，都是正确的。

在这一章，作者将智、仁与真诚有机地结合在一起。真诚既是事物的发展规律，也是我们内心的自觉升华。因此，要想做到真诚，首先就要做到物我同一，然后利用后天的学习加深理解，最后通过具体的生活实践得以完成。

【原文】

诚者自成[①]也，而道自道[②]也。诚者物之终始，不诚无物。是故君子诚之为贵。诚者，非自成己而已[③]也，所以成物也。成己，仁也；成物，知也。性之德也，合外内之道也。故时措[④]之宜[⑤]也。

【注释】

①自成：自我完善。

②自道：自我引导。

③而已：相当于“罢了”。

④措：实施。

⑤宜：适宜。

【译文】

真诚是品德的自我完善，而道是自我引导。真诚始终贯穿于万物的开始和结束，不真诚就不会有万物。所以，君子把真诚看作是最高贵的品德。真诚，并不是自我完善就罢了，而是要不断地完善万物。自我完善是仁，完善万物是智。仁和智都是人性中最基本的品德，它包括自身和外物的道理。所以，无论什么时候实施都是适宜的。

第二十六章

【题解】

在这一章，让我们进一步看到了至诚的特点。“至诚无息。不息则久，久则征，征则悠远，悠远则博厚，博厚则高明”，这从没停止过的真诚，展示出天道的生生不息，承载万物的功效。作为君子，就要顺应天道，不断地提高自己，不懈地追求至诚，达到道德境界的最高峰。这一点，也是《中庸》对人们修身所提出的终极要求。

天道的本质是诚，天地万物、山川河流，无不涵盖其中。它们同样具有悠远、博厚、高明的特点。由小及大，由点及面，不断地汇聚在一起，最终形成了磅礴的世界。这种状态和至诚无息是完全相同的。

在文章最后，作者又引用《诗经》中的段落来赞美天道与文王。这两种生生不息的品德，就是在告诉世人，天道即是人道，二者相通相融。从这一点上讲,至诚是永远没有止境的。一个人要效法天道，提升自己的品行，最重要的就是要懂得至诚无息，日积月累的道理。圣人之所以成为圣人，不是他生下来就是那样，而是经过了日久天长的品行积累,不断充实自己才形成的。每一个致力于实践中庸的人，都要积极进取，终生不能后退。唯有如此，才能达到自己的理想。

【原文】

故至诚无息[①]。不息则久，久则征[②]，征则悠远，悠远则博厚[③]，博厚则高明。博厚，所以载物也；高明，所以覆物也；悠久，所以成物也。博厚配地，高明配天，悠久无疆[4]。如此者，不见而章[5]，不动而变，无为而成。

天地之道，可一言[6]而尽也：其为物不贰[7]，则其生物不测。天地之道：博也，厚也，高也，明也，悠也，久也。今夫天，斯[8]昭昭[9]之多，及其无穷也，日月星辰系焉，万物覆焉。今夫地，一撮土之多，及其广厚，载华岳[10]而不重，振[11]河海而不泄，万物载焉。今夫山，一卷石[12]之多，及其广大，草木生之，禽兽居之，宝藏兴焉。今夫水，一勺之多，及其不测[13]，鼋鼍蛟[14]龙鱼鳖生焉，货财殖焉。

《诗》云："维天之命，於穆不已[15]！"盖曰天之所以为天也。"於乎不显，文王之德之纯[16]！"盖曰文王之所以为文也，纯亦不已。

【注释】

① 息：止息，休止。

② 征：征验，显露于外。

③ 博厚：广大深厚。

④ 无疆：没有穷尽。

⑤ 章：古同“彰”，彰明。

⑥ 一言：一个字，这里指“诚”。

⑦ 不贰：仅有一个，这里指仅有一个天地。

⑧ 斯：此。

⑨ 昭昭：光明。

⑩ 华岳：即华山。

⑪ 振：整顿、整治，引申为约束。

⑫ 一卷石：一拳头大的石头。卷，通“拳”。

⑬ 不测：不可测度，这里指浩瀚无涯。

⑭ 鼋（yuán）鼍（tuó）蛟：鼋，俗名蓝团鱼，是现存最古老的爬行动物，体长一米左右。鼍，又名扬子鳄，分布于长江中下游，是我国的特产动物。蛟，一般指能发洪水的有鳞的龙，相传蛟龙得水即能兴云作雾。

⑮ 维天之命，於穆不已：出自《诗经·周颂·维天之命》。维，语气词。穆，庄严肃穆。不已，不止。

⑯ 於乎不显，文王之德之纯：不，通“丕”，即大。显，明显、伟大。纯，纯粹、不掺杂恶念。

【译文】

所以，真诚没有停止的时候。不停止就会长久存在下去，长久存在就会显露出来，显露出来就会悠远。悠远就会变得广大深厚。广大深厚就会高大光明。广大深厚能够承载万物；高大光明能够覆盖万物；悠远长久能够成就万物。广大深厚能够与地相比，高大光明能够与天相比；悠远长久则没有穷尽。能够达到这样的境界，不显现也会自然彰明，不行动也会有所改变，不做任何事也会有所成就。

天地间的道理，可以用一个“诚”字来概括：天地只有一个，它化育出来的万物多得不可估测。天地间的道理就是：广大，深厚，高大，光明，悠远，长久。现在我们所说的天，是由一点点的光明聚集起来的，越来越多，直到无边无际，日月星辰靠它维系，它将万物覆盖。现在我们所说的地，是由一撮一撮的土聚集起来的，直到它广博深厚的时候，便能承载像华山那样的高山也不会感觉重，能容纳无数的江河湖海而不会泄漏，它能够承载世间的万物。现在我们所说的山，是由一块块拳头大小的石头堆积起来的，日积月累便成了高大巍峨的山峰，上面生长着茂盛的草木，居住着各种珍禽异兽，还蕴藏着各种宝藏。现在我们所说的水，是由一勺一勺的水汇聚起来的，等到它成为浩瀚无涯的大海，鼋鼍蛟龙鱼鳖等，各种各样的鱼类都在里面自由地生长，珊瑚等珍贵物种也在里面大量地繁殖。

《诗经·周颂·维天之命》中说：“天道的运行是多么庄严肃穆啊，而且永远不会停止。”这也许就是说天之所以为天的道理吧。“多么光明而伟大啊，文王的品德是纯真无瑕的。”这也许就是文王之所以被称为文王的道理吧。纯真是永不停止的。

第二十七章

【题解】

这一章，讲述了圣人之道的博大与厚重，并由此对个人进退的方法予以阐释。

“发育万物，峻极于天。”文章开头就极力赞美圣人之道，这种宏大的气势，令人敬仰。真正的圣人是伟大的，他以至诚之心对待众生。他们的思想与天道融为一体，化育天下万物。礼仪是人类社会的行为规范，作用巨大。作为一个圣人，他们肩负着传播礼仪教化万民的责任。“礼仪三百，威仪三千。待其人而后行”，因此，他们本身就应该具备至诚的品德修养，首先就要达到各种礼仪的要求。这句话是对圣人的进一步赞美，也表明了成为圣人的方法。

大道巍巍，德行不够的人是难以修成的，唯有以诚心待之。君子应该“尊德性而道问学，致广大而尽精微，极高明而道中庸。温故而知新，敦厚而崇礼”。这五个方面体现着儒家的精髓，是提升道德修养和丰富文化知识的重要途径。

当君子有了这样坚实的基础，就在靠近圣人之道，但还需要气度和胸怀。“居上不骄，为下不倍。”处于高位不骄纵，处于低位不作乱。这种状态的把握是很不容易的，没有对中庸的深入理解，是难以保证行为的不偏不倚。君子对圣人之道的虔诚与修行，会让自己拓宽智慧和眼界，明了得失的因果。于是，“国有道其言足以兴，国无道其默足以容”。这种对现实的应变能力，正是君子如何安身立命的大学问，也就达到了《诗经·大雅·烝民》所说的明哲保身的境界了。

【原文】

大哉圣人之道！洋洋①乎！发育万物，峻②极③于天。优优④大哉！礼仪⑤三百，威仪⑥三千，待其人⑦而后行。故曰苟不至德⑧，至道不凝⑨焉。故君子尊德性而道问学⑩，致广大而尽精微，极高明而道中庸。温故而知新，敦厚⑪以崇礼。是故居上不骄，为下不倍⑫。国有道其言足以兴；国无道其默足以容⑬。诗曰："既明且哲，以保其身⑭。"其此之谓与。

【注释】

① 洋洋：盛大的样子。

② 峻：险峻。

③ 极：非常、极其。

④ 优优：充足有余。

⑤ 礼仪：古代礼节的主要规则，又称经礼。

⑥ 威仪：古代典礼中的动作规范及待人接物的礼节。

⑦ 其人：指圣人。

⑧ 苟不至德：如果没有极高的品德。苟，如果。

⑨ 凝：凝聚，引申为成功。

⑩ 问学：求知，求学。

⑪ 敦厚：指脾气温和性情憨厚，忠厚。

⑫ 倍：通“背”，背叛。

⑬ 容：容身，指保全自己。

⑭ 既明且哲，以保其身：引自《诗经·大雅·烝民》，这句话是尹吉甫在赞扬仲山甫的美德和辅佐周宣王的政绩。仲山甫是西周周宣王时期的大臣，他善于进谏，勇武果敢，为国家立下了汗马功劳。明，是指明辨是非。哲，智慧。保起身，保全自己的品格。

【译文】

圣人的道是多么伟大啊！它无边无际！养育万物，高峻得与天同高。它充足有余！礼仪有三百条，威仪有三千条，等待圣人来实行。所以说，如果没有极高的德行，就不能成就极高的道。因此，君子重视品德修养，同时也致力于求知，不仅要达到广博深厚，还要尽力研究精微之处，洞察世间一切的同时又遵循中庸之道。温习旧的知识从而获得新的知识，性情忠厚而崇尚礼节。因此，身居高位不骄傲，身居下位不背叛。国家政治清明时，他的言论足以使国家振兴强大；国家政治黑暗时，他的沉默可以保全自身。《诗经·大雅·烝民》中说：“既明白事理又有智慧，可以保全自身。”大概说的就是这个意思吧。

第二十八章

【题解】

在这一章，作者承接上文“为下不倍”的观点，教育后人要有自知之明，遵守中庸的礼法。

中庸之道要求做事要不偏不倚，顺其自然。可那些反中庸的小人，总是背道而驰。他们“愚而好自用，贱而好自专”，这种刚愎自用，骄傲放纵的人，把自己看得最重，凡事都不放在眼里。可想而知，一个桀骜不驯的人是不会有什么好结果的。透过这些事例，我们可以感受到孔子的谆谆教诲。一个人只有杜绝这样的行为，才能避免灾祸，取得成功。

在现实生活中，我们每一个人都应该做好自己当前所要做的事，而不是异想天开，野心勃勃。正如本文所写：“非天子，不议礼，不制度，不考文。”不是国君就不要议定礼制和文字。除此之外，德行和地位如果不匹配，也是不能议定礼乐的。“虽有其位，苟无其德，不敢做礼乐焉；虽有其德，苟无其位，亦不敢做礼乐焉”。孔子为大德，居圣人之位，可即便如此，他也不敢制定礼乐。由此可见，安于其位，各司其职是君子必须遵守的道德要求。

礼数，是儒家极为重视的内容。学生尊敬自己的老师，孩子敬重自己的长辈，臣子忠于自己的国君。这些日常的礼节，是衡量君子的重要标准。因此，君子的言谈举止要符合世间的道德规范，更要符合自己的身份。孔子一生主张克己复礼，但他却绝不盲从。对于夏朝和商朝的礼制，由于证据不足，孔子并没有采纳，而是依据现实给出正确的抉择，主动按照周朝的礼仪规范去行事。

【原文】

子曰："愚而好自用①，贱而好自专②，生乎今之世，反③古之道。如此者，灾及其身者也。"非天子，不议礼，不制度④，不考文⑤。今天下车同轨⑥，书同文⑦，行同伦⑧。虽有其位，苟无其德，不敢作礼乐焉；虽有其德，苟无其位，亦不敢作礼乐焉。子曰："吾说夏礼⑨，杞⑩不足征⑪也；吾学殷礼⑫，有宋⑬存焉；吾学周礼⑭，今用之。吾从周。"

【注释】

①自用：不听取别人意见，自以为是。

②自专：独断专行。

③反：同"返"，回复。

④制度：在这里作动词用，指制订法度。

⑤考文：考订文字规范。

⑥车同轨：指车子的轮距一致。

⑦书同文：指字体统一。

⑧行同伦：指伦理道德相同。

⑨夏礼：夏朝的礼制。

⑩ 杞：国名，传说是周武王封夏禹的后代于此，故城在河南杞县。

⑪ 征：验证。

⑫ 殷礼：殷朝的礼制。

⑬ 宋：国名，商汤的后代居此，故城在今河南商丘县南。

⑭ 周礼：周朝的礼制。

【译文】

孔子说："愚蠢却喜欢自以为是，卑贱却又喜欢独断专行，生活在现在这个时代却总想着回到古代。有这样的想法，一定会给自己带来灾祸。"不是天子，就不必思考去订立礼仪，不必去制订法度，也不必去考订文字规范。现在，全天下车子的轮距是一致的，字体是统一的，伦理道德是相同的。虽然有属于自己的地位，如果没有德行，是不敢制定相应的礼乐制度的；虽然有德行，但如果没有相应的地位，也是不敢制定相应的礼乐制度的。孔子说："我谈论夏朝的礼制，可它的后裔杞国已经不能对此进行验证；我学习殷朝的礼制，在它的后裔宋国还残留着一些痕迹；我学习过周朝的礼制，直到现在还在实行。所以，我遵从周礼。"

第二十九章

【题解】

这一章，作者围绕治国之道展开了详细的论述。

文章开门见山，在首句就指出了统治天下需要做好的三件大事，那就是制定礼仪，创立法度，考订文字。如果能把这三件大事做好，人与人之间就有了行为的准则。人们按照要求去做，就会减少很多麻烦，也就可以达到“其寡过矣乎”的程度。

居于上位的君王，如果他们的德行没有得到验证，百姓自然是不相信的。孔子是处于下位的圣者，尽管他的德行伟大，但由于地位的关系，百姓还是不能相信和追随。

基于上述的论述，作者对于君子之道提出了六点要求：“本诸身”“征诸庶民”“考诸三王而不谬”“建诸天地而不悖”“质诸鬼神而无疑”“百世以俟圣人而不惑”。这些要求都是在告诫君主，统治天下要以修身为根本，要彰显自己的明德，让自己的行为在各个方面成为表率。以身作则，是推行王道的必然选择。如果能够坚持去做，他的言行将成为天下的法则，本人也会受到万民的敬仰。

在文章最后，作者引用《诗经·周颂·振鹭》中的句子，再次强调君主要以身作则，以诚信的行为治理天下。只有这样，才会没有人厌恶，才能使美名在天下传扬。

【原文】

王天下[①]有三重[②]焉，其寡过矣乎！上焉者[③]，虽善无征，无征不信，不信民弗从。下焉者[4]，虽善不尊，不尊不信，不信民弗从。

故君子之道，本诸身，征诸庶民，考诸三王[5]而不缪[6]，建诸天地而不悖[7]，质[8]诸鬼神而无疑，百世以俟[9]圣人而不惑。质诸鬼神而无疑，知天也；百世以俟圣人而不惑，知人也。是故君子动而世为天下道[10]，行而世为天下法[11]，言而世为天下则[12]。远之则有望，近之则不厌。

《诗》曰："在彼无恶，在此无射。庶几夙夜，以永终誉[13]。"君子未有不如此而蚤[14]有誉于天下者也。

【注释】

① 王（wàng）天下：在天下做王、统治天下的意思。王，用作动词。

② 三重：指在上一章提到的仪礼、制度、考文。

③ 上焉者：夏、商朝的礼制。

④ 下焉者：指处于下位的人，如孔子。

⑤ 三王：指夏、商、周朝的三代君王。

⑥ 缪：通"谬"，谬误。

⑦ 悖：悖乱。

⑧ 质：质疑，询问。

⑨ 俟：待。

⑩ 道：通“导”，先导。

⑪ 法：法度。

⑫ 则：准则。

⑬ 在彼无恶，在此无射（yì）。庶几（jī）夙（sù）夜，以永终誉：引自《诗经·周颂·振鹭》。这四句是这首诗的后半部分。前文还有四句，即“振鹭于飞，于彼西雍。我客戾止，亦有斯容。”这首诗以飞翔的白鹭起兴，引出“亦有斯容”的描写。意在赞美来国都助祭的宋微子。射，厌弃。庶几，差不多。夙夜，早晚。

⑭ 蚤：即“早”。

【译文】

统治天下的君王要做好仪礼、制度、考文这三件非常重要的事，他的过失就会很少了。夏商朝的制度虽然很好，可是如果没有经过验证，就不会令人信服，不令人信服，老百姓也不会服从。处于下位的孔子，虽然品行很好，但是没有尊贵的地位，没有尊贵的地位，也不会令人信服，不令人信服，老百姓也不会服从。

所以，君王治理天下就应该以修养自身的德行为根本，并且要在老百姓那里得到验证。我考察了夏、商、周三代君王的做法，并且发现他们的做法都没有违背的地方，因此他们的国家才能立在天地间没有出现悖乱，质疑于鬼神而没有任何的疑问，待百世以后经过圣人的检验也没有疑问。质疑于鬼神而没有任何的疑问，这是知天；待百世以后经过圣人的检验也没有疑问，这是知人。所以，一个有德行君王的行动会世世代代成为天下人的先导，他的行为会世世代代成为天下的法度，他的语言会世世代代成为天下的准则。在远处能感受到他的威望，在近处也不会感到厌烦。

《诗经·周颂·振鹭》中说："在那里没有人憎恶，在这里没有人厌弃。几乎从早到晚都在兢兢业业，这样永远都有一个好名声。"没有君子不这样做就能够早早的在天下获得名望的。

第三十章

【题解】

本章对孔子做出了极高的评价，“仲尼祖述尧、舜，宪章文、武，上律天时，下袭水土”。帝尧，也称唐尧，是继黄帝之后又一位杰出的君主。他以德治天下，受到了人民的拥戴。孔子曾在《论语》中盛赞尧的美德。舜是尧之后的君主，他继承了尧的地位与德行，其仁德与孝道令世人敬仰。而周文王和周武王推翻商纣,救民于水火，功德无量。在作者看来，孔子一生崇尚尧舜的传统，以周文王和周武王为榜样，尊奉天地的规律，克己复礼，教化世人，他的贡献绝不亚于前面提到的那些先贤。

天地孕育了世间的万事万物，天地之德无量无际。而孔子的德行堪比天地，又如日月光明无限。“辟如天地之无不持载，无不覆帱，辟如四时之错行，如日月之代明”。应该说，这种评价是客观的，准确的。孔子是一个崇高而又伟大的人物，对中华民族的文化铺垫起到了极其重要的作用，是永远值得后世景仰的圣人。

在这一章，中庸之道不再是劝诫警醒，而是以一个真实的人物范例出现在大家面前，人们确确实实地感受到中庸的境界。孔子是中庸之道最忠诚最出色的践行者，他以无与伦比的感召力影响着一代又一代人。实际上，最有效的教育之道，就是让求学之人和圣人相处。对圣人的明德耳濡目染，进而改变自己。每一个有决心实行中庸的人，都要以孔子为榜样，严格要求自己，坚持不懈，向着心中的目标不断前进。

中国的传统哲学讲“和”，事物间要彼此包容，共存共荣。“万物并育而不相害，道并行而不相悖。小德川流，大德敦化，此天地之所以为大也”。只有达到这样的状态，才会有丰富多彩的世界，我们的生活才能充满活力。这是天地博大的胸怀，至高的德行，也是孔子一生真实的写照。

【原文】

仲尼祖述[①]尧、舜，宪章[②]文、武，上律[③]天时，下袭[④]水土。辟如天地之无不持载，无不覆帱[⑤]，辟如四时之错行[⑥]，如日月之代明[⑦]。万物并育而不相害，道并行而不相悖[⑧]。小德川流，大德敦化[⑨]，此天地之所以为大也！

【注释】

①祖述：效法、遵循前人的行为或学说。

②宪章：遵从，效法。

③律：顺应。

④袭：顺从。

⑤覆帱（dào）：覆盖。

⑥错行：交错运行。

⑦代明：交替光明。

⑧相悖：相违背、相反。

⑨敦化：仁爱敦厚，化生万物。

【译文】

孔子遵循尧舜的思想，效法文王和武王，上顺应天时，下顺从地理。好像天地那样没有什么不可以承载，没有什么不能覆盖的，又好像四季的交错运行和日月的交替光明。世间万物共同生长而互不伤害，道路并行向前而又不互相违背。小的德行如河水一样向前奔流不息，大的德行仁爱敦厚，化生万物，这就是天地的伟大之处啊！

第三十一章

【题解】

在这一章，作者极力赞扬“圣人之德”。首先，他认为圣人之德具有五种表现，即“聪明睿知”“宽裕温柔”“发强刚毅”“齐庄中正”“文理密察”。其中，“聪明睿知”是对这种品德的总体概括，而接下来的四个方面则分别见证了仁义礼智。通过这五个方面，可以看出至圣之德的完善与全面。正因为圣人具有这五种美德，他们才有资格教化万民。拥有这些美德的君王，自然就会得到民众的拥护。

圣人之德盛大无边，恩泽遍布世间的每一个角落。“舟车所至，人力所通，天之所覆，地之所载，日月所照，霜露所队”。这种德行拥有巨大的力量，对万物的影响也是显而易见的。对于高尚美好的品德，每一个有良知的人都会信服遵守。在圣德的感召下，人们自觉修心，弃恶从善，民众安居乐业。圣人之德，符合天道，如教化万民，其功德可以与上天相媲美。

总的看来，作者用流畅的笔法，饱含激情的铺陈，阐述了圣人之德的功效，以此来激励更多的人来学习中庸之道。

【原文】

唯天下至圣，为能聪明睿知①，足以有临②也；宽裕③温柔，足以有容④也；发强⑤刚毅，足以有执⑥也；齐庄⑦中正⑧，足以有敬也；文理⑨密察⑩，足以有别也。溥博⑪渊泉⑫，而时出⑬之。溥博如天，渊泉如渊。见而民莫不敬，言而民莫不信，行而民莫不说[14]。是以声名洋溢[15]乎中国，施[16]及蛮貊[17]。舟车所至，人力所通，天之所覆，地之所载，日月所照，霜露所队[18]，凡有血气者，莫不尊亲[19]，故曰配天。

【注释】

①睿知：聪明有智慧。知，通“智”。

②临：居高临下，指君王身处高位治理天下。

③宽裕：宽大、宽容。

④容：容纳，包容。

⑤发强：奋发图强。

⑥执：决断。

⑦齐庄：整齐、恭敬、庄重。

⑧中正：不偏不倚。

⑨文理：指文章的条理。

⑩密察：细致明察。

⑪溥博：辽阔广大。溥，普遍，辽阔。

⑫渊泉：指深泉；比喻思虑深远。

⑬出：溢出。

⑭不说（yuè）：不喜欢。说，同“悦”。

⑮洋溢：指充满，广泛传播。

⑯施：传播，蔓延。

⑰ 蛮貊（mò）：古代对边远少数民族的称呼。

⑱ 队：同“坠”，指坠落。

⑲ 尊亲：尊重亲近。

【译文】

只有天下最圣明的人，才能拥有聪明的头脑和无穷的智慧，足以身处高位而治理百姓；宽宏大度，温和柔顺，有足够的心胸去包容天下；发愤图强，刚毅果敢，足以决断一切事情；恭敬而庄严，不偏不倚，足以受到他人的尊敬；文章的条理清晰，细致缜密，足以用来明辨是非。圣人的美德宽广而深厚，而且会经常表现出来。它宽广如天空，思虑如深泉一样幽远。老百姓见到他的表现没有不敬仰的；老百姓听到他的言论没有不信服的；老百姓见到他的行为没有不喜欢的。因此，他的美名在中原大地上传播开来，还传播到了边远的地区。只要是船和车能到达的地方，人能到达的地方，天空能覆盖到的地方，大地所能承载的地方，日月所能照耀到的地方，霜露所能降落到的地方，凡是有血气的人，没有不尊重亲近他的，所以说圣人的美德可以和天相匹配。

第三十二章

【题解】

在这一章，作者进一步论述了至诚之道的功用。“能经纶天下之大经，立天下之大本，知天地之化育”。这些关系到社会民生的大事，寻常人是难以做到的。而天下至诚之人却可以自然而为。因为他们虔诚专注，能够用心去体察事物，知晓天地的规律，根本不需要依靠其他的事物。如果没有诚，一个人什么也做不了。对一国之君来讲，更是如此。

在本章，作者对至诚之人的描写别具特色，“肫肫其仁！渊渊其渊！浩浩其天”。肫肫，是形容仁爱之心诚恳无私；渊渊，是形容才学智慧深远悠长；浩浩则形容品行修养广博厚重。在这里，作者对至诚之人进行了全方位的修饰，既有宽度，又有广度和深度，让人读起来肃然起敬。

诚，是中庸之道的核心。它是对天道的遵从，对自身明德的弘扬，心无杂念地按照中庸去做。一个人只要做到诚，就没有任何困难能够阻挡住他。至诚至人，达到了天人合一的境界。他拥有大智慧，无所不能，所以就不需要依赖任何事物了。

【原文】

唯天下至诚，为能经纶[1]天下之大经，立天下之大本，知天地之化育。夫焉有所倚[2]？肫肫[3]其仁！渊渊其渊[4]！浩浩[5]其天！苟不固[6]聪明圣知达天德者⑦，其孰能知之？

【注释】

① 经纶：原指整理丝缕，引申为治理国家大事，创制法规。经，纺织的经线，引申为法规。

② 倚：依靠。

③ 肫肫（zhūn）：诚挚的样子。

④ 渊渊其渊：意为圣人的思虑如潭水一般幽深。渊渊，静深的样子。

⑤ 浩浩：指水盛大的样子，这里意思是广阔。

⑥ 固：真实的。

⑦ 达天德者：通达天赋美德的人。达，通达。

【译文】

只有天下最真诚的人，才能制定天下的法规，树立天下的根本道德，知道天地化育万物的道理。除了至诚，他有什么可以依靠的呢？至诚的人，他的仁爱之心是多么诚挚啊！他的思虑是多么幽深啊！他的美德是多么宽广啊！如果不是因为他本来就是一个聪明、可以通达天赋美德的人，那么还有谁能知道这些道理呢？

第三十三章

【题解】

这一章是《中庸》的结束篇，对前文的三十二篇进行了提炼，具有总结概括的作用。本章对君子慎独、施行德政、求学自省等方面再次提出明确的要求。本章共分为六节，每一节都引用了《诗经》中的某些篇章，既有史实作为依据，又有独到的阐述，反复强调德行的实施。

第一节，引用《诗经·卫风·硕人》中的“衣锦尚絅”，来说明君子之道“淡而不厌，简而文，温而理”的特点，意在强调初学入德的重要。

在第二节中，作者引用《诗经·小雅·正月》的诗句，再次说明君子须慎独的道理。“君子之所不可及者，其唯人之所不见乎”。在别人看不见的地方，君子也应该严格地要求自己。

第三节，引用了《诗经·大雅·抑》中的内容，继续说明君子要慎独，并时刻保存恭敬之心。唯有“不动而敬”，君子才能在民众心中建立威信。

第四节引用了《诗经·商颂·烈祖》的内容，“是故君子不赏而民劝，不怒而民威于鈇钺”。阐述君子只有提高自己的德行，才能让百姓信服的道理。

在第五节中，引用《诗经·周颂·烈文》，来说明国君大力彰显德行的功效，即“君子笃恭而天下平”。

第六节，分别引用《诗经·大雅·皇矣》和《诗经·大雅·烝民》的段落，赞扬了至圣之德，指出对百姓最好的教化是潜移默化、无声无息的，这是为政的最高境界。

【原文】

《诗》曰："衣锦尚絅[①]。"恶其文之著[②]也。故君子之道，暗然[③]而日章[④]；小人之道，的然[⑤]而日亡。君子之道，淡而不厌[⑥]，简而文，温而理，知远之近，知风之自，知微之显，可与入德矣。

《诗》云："潜虽伏矣，亦孔之昭[⑦]！"故君子内省不疚，无恶[⑧]于志。君子之所不可及者，其唯人之所不见乎？

《诗》云："相在尔室，尚不愧于屋漏[⑨]。"故君子不动而敬，不言而信。

《诗》曰："奏假无言，时靡有争[⑩]。"是故君子不赏而民劝，不怒而民威于鈇钺[⑪]。

《诗》曰："不显惟德，百辟其刑之[⑫]。"是故君子笃恭而天下平。

《诗》云："予怀明德，不大声以色[⑬]。"子曰："声色之于以化民，末也。"

《诗》曰："德輶如毛[⑭]。"毛犹有伦[⑮]。"上天之载，无声无臭[16]。”至矣。

【注释】

①衣锦尚絅：引自《诗经·卫风·硕人》。穿着丝绸衣服外面还要加上一件麻布罩衣。衣，用作动词，指穿衣。尚，加上。絅，用麻布做的衣服。

②著：显著，明显。

③暗然：隐藏，不外露。

④章：同“彰”，彰显。

⑤的然：鲜明、显著的样子。

⑥厌：满足。

⑦潜虽伏矣，亦孔之昭：引自《诗经·小雅·正月》。意思是说虽然隐藏的很深，但也会很明显。孔，很、非常。昭，明显。

⑧恶：邪恶的，不好的。

⑨相在尔室，尚不愧于屋漏：引自《诗经·大雅·抑》。相，注视。尔，你。屋漏，指室内的西北角。相传是神明所在，这里用屋漏代指神明。

⑩奏假无言，时靡有争：引自《诗经·商颂·烈祖》。奏，进奉，假，通“格”，即感通，指诚心能与鬼神或外物互相感应。靡，没有。

⑪𫓧钺：斫刀和大斧。腰斩、砍头的刑具。

⑫不显惟德，百辟其刑之：引自《诗经·周颂·烈文》。不显，即大显，不，通“丕”，大。辟，诸侯。刑，通“型”，示范，效法。

⑬ 予怀明德，不大声以色：引自《诗经·大雅·皇矣》。

⑭ 德輶如毛：引自《诗经·大雅·烝民》。意思是德轻得像羽毛一样。指施行仁德并不困难，而在于是否有志向。輶，古代一种轻便车，引申为轻。

⑮ 毛犹有伦：毛在鸟的身上如同人的辈分一样，也是有顺序的。

⑯ 上天之载，无声无臭：引自《诗经·大雅·文王》。臭，气味。

【译文】

《诗经·卫风·硕人》中说："穿着丝绸衣服，外面还要加上一件麻布罩衣。"这是为了避免衣服的花纹过于显眼。所以，君子的道看起来是不外露的，却会一日比一日彰显出来；小人的道看起来非常明显，可随着时间的推移，会日渐消亡。君子的道，平淡而不令人满足，简单而有文采，温和而有道理，由近知远，由风知源，由微知显，具备了这些，就进入道德的最高境界了。

《诗经·小雅·正月》中说："虽然隐藏的很深，但也会明显地表现出来。"所以君子反省自身从来没有感到愧疚，心中也没有什么邪恶的想法。君子的德行之所以是一般人达不到的，就是因为在这些不被人看见的地方吧？

《诗经·大雅·抑》中说："看你一个人在家的时候，是否仍然能无愧于神明。"所以，君子就是尚未行动时，便怀有敬畏之心；尚未言语时，就怀有诚信之心。

《诗经·商颂·烈祖》中说："祭祀时，在心中默默祈祷，此时没有一点争执。”所以，君子不用赏赐老百姓就会相互劝勉，不用发怒老百姓就很畏惧。

《诗经·周颂·烈文》中说：“德行是非常显明的，诸侯们纷纷来效法。”所以，君子笃实恭敬就能使天下太平。

《诗经·大雅·皇矣》中说：“心中怀有光明的德行，不用声色俱厉。”孔子说：“如果仅凭声色俱厉来教化老百姓，这也是最低能的做法了。”

《诗经·大雅·烝民》中说：“德轻得像羽毛一样。”毛在鸟的身上如同人的辈分一样，也是有顺序的。《诗经·大雅·文王》中说：“上天所承载的万物，既没有声音，也没有气味。”这才是最高的境界啊！